湖北省教育厅科学技术研究计划指导性项目(B2017186)资助

村域自然资源价值评估
CUNYU ZIRAN ZIYUAN JIAZHI PINGGU

翟文侠　李　泉　陈　仪　刘　莉
李治刚　黄　灿　王　茜　　　　　著

中国地质大学出版社
ZHONGGUO DIZHI DAXUE CHUBANSHE

图书在版编目(CIP)数据

村域自然资源价值评估 / 翟文侠等著. -- 武汉：中国地质大学出版社，2024.10 --
ISBN 978-7-5625-5964-1
Ⅰ.F323.2
中国国家版本馆 CIP 数据核字第 2024LB9303 号

村域自然资源价值评估		翟文侠 李 泉 陈 仪 等著
责任编辑：张玉洁	选题策划：张 琰　张晓红　张玉洁	责任校对：何澍语
出版发行：中国地质大学出版社(武汉市洪山区鲁磨路388号)		邮政编码：430074
电　　话：(027)67883511　　传　　真：67883580		E-mail：cbb@cug.edu.cn
经　　销：全国新华书店		https://cugp.cug.edu.cn
开本：787毫米×1092毫米 1/16		字数：166千字　　印张：8
版次：2024年10月第1版		印次：2024年10月第1次印刷
印刷：湖北睿智印务有限公司		
ISBN 978-7-5625-5964-1		定价：39.00元

如有印装质量问题请与印刷厂联系调换

前 言

为实现村域自然资源高效利用和优化配置，需要对村域土地资源、森林资源、草地资源、矿产资源和水资源等的实物量及价值量进行科学定量化评估。开展自然资源价值评估有助于完善农村自然资源市场，有效整合自然资源，进而促进乡村振兴和农民增收。

本书选取咸宁市12个典型村，将其作为研究样本，以2023年3月31日为评估基准日，在融合现有各类自然资源评估依据和最新研究进展的基础上，对村域的土地资源、森林资源、草地资源、矿产资源和水资源进行价值评估，针对自然资源的多功能、多适宜性特点，合理权衡资源的生态价值、社会价值及经济价值。

本书共分为9章。

第1章主要介绍咸宁市及其下辖县（市、区）的社会经济发展及区位情况，说明影响自然资源价值的客观因素。

第2章主要介绍此次村域自然资源价值评估的范围，包括选择的12个典型村和涉及的资源类别等。

第3章结合实际科学界定农村自然资源实物量和价值量的内涵，并列出12个典型村的自然资源界定结果。

第4章着重说明评估原则及资料获取技术路线。

第5章主要说明评估基础资料的获取情况及评估过程中的资料整理方法。

第6章主要阐述5类自然资源实物量和价值量评估的方法，总结和归纳自然资源价值评估计算公式。

第7章主要介绍12个典型村5类自然资源的实际情况，并通过科学选取价值评估方法，合理量化测算参数，获得12个村自然资源价值评估的结果。

第8章主要核验评估数据和评估结果的合理性。

第9章主要对评估过程进行简单的经验总结，并对成果应用提出一些建议。

自然资源价值评估涉及内容广泛，技术要求较高，评估过程复杂，因此，本书不可避免地存在疏漏之处。欢迎广大读者对图书内容提出意见及建议，在此表示衷心的感谢！

翟文侠
2024年7月

目　　录

1　区域概况 ·· (1)
　1.1　地理区位 ··· (1)
　1.2　行政区划 ··· (1)
　1.3　资源简况 ··· (2)
　1.4　社会经济 ··· (3)

2　评估范围 ·· (4)
　2.1　空间范围 ··· (4)
　2.2　分类范围 ··· (4)
　2.3　权属范围 ··· (6)

3　评估基准日及评估内容 ·· (7)
　3.1　评估基准日 ·· (7)
　3.2　实物量 ·· (7)
　3.3　价值量 ·· (8)

4　评估原则与技术路线 ··· (12)
　4.1　评估原则 ··· (12)
　4.2　评估技术路线 ··· (13)

5　基础数据调查 ·· (14)
　5.1　调查原则 ··· (14)
　5.2　调查程序 ··· (15)
　5.3　资料内容 ··· (16)
　5.4　资料整理 ··· (17)

6　评估方法 ·· (19)
　6.1　实物量评估方法 ·· (19)
　6.2　价值影响因素 ··· (26)
　6.3　价值量评估方法 ·· (30)

7 典型村自然资源价值 (67)
7.1 土地资源价值 (67)
7.2 森林资源价值 (84)
7.3 草地资源价值 (89)
7.4 矿产资源价值 (91)
7.5 水资源价值 (94)
7.6 自然资源社会价值 (101)

8 评估结果检核 (102)
8.1 基本要求 (102)
8.2 准确性检查 (102)
8.3 协调性分析 (103)
8.4 检验结果 (107)

9 总结及建议 (108)
9.1 经验总结 (108)
9.2 应用前景 (108)

主要参考文献 (110)
附录1 规范性引用文件 (113)
附录2 调查表 (114)

1 区域概况

1.1 地理区位

素有"湖北南大门"之称的咸宁市，位于湖北省东南部，长江中游南岸、湘鄂赣三省交界处，东接黄石（阳新），西邻荆州（洪湖），北连武汉，南与江西修水及湖南平江、临湘接壤。境内武广高铁、京广铁路、武咸城际铁路密集交织，京港澳高速、大广高速、武深高速、咸通高速、蕲嘉高速、杭瑞高速等纵横交错，128km 长江黄金水道贯穿全市。咸宁既是中部地区"两纵两横"经济带[①]的重要节点，又处于湖北省"两圈一带"[②]战略核心区，地理位置之优越可见一斑。

咸宁地处幕阜山北麓，构造多变且岩性复杂，其地势东南高、西北低，自然资源禀赋良好，享有"桂花之乡"和"温泉之都"的美誉，是宜游宜居的生态休闲旅游城市。

1.2 行政区划

2023 年，咸宁市辖咸安区、嘉鱼县、赤壁市、通城县、崇阳县、通山县，共设 52 个镇、12 个乡、6 个办事处。其中，咸安区辖汀泗桥、向阳湖、官埠桥、双溪桥、马桥、高桥、横沟桥、贺胜桥、桂花 9 个镇，浮山、永安、温泉 3 个办事处和大幕 1 个乡；嘉鱼县辖陆溪、高铁岭、官桥、鱼岳、新街、渡普、潘家湾、簰洲湾 8 个镇；赤壁市辖赵李桥、新店、中伙铺、官塘驿、茶庵岭、赤壁、柳山湖、神山、车埠、黄盖湖 10 个镇，赤马港、蒲圻、陆水湖 3 个办事处和余家桥 1 个乡；通城县辖麦市、塘湖、关刀、五里、马港、隽水、沙堆、石南、北港 9 个镇，四庄、大坪 2 个乡；崇阳县辖沙坪、石城、桂花泉、天城、青山、路口、白霓、金塘 8 个镇，肖岭、铜钟、港口、高枧 4 个乡；通山县辖通羊、南林

[①] "两纵两横"经济带：国务院为促进中部地区崛起而制定的重要战略布局，具体包括京九经济带、京广经济带（两纵），以及长江经济带、陇海经济带（两横）。

[②] "两圈一带"：指武汉城市圈、鄂西生态文化旅游圈和长江经济带。

桥、黄沙铺、厦铺、闯王、洪港、大畈、九宫山8个镇,大路、杨芳林、慈口、燕厦4个乡。

1.3 资源简况

1.3.1 土地资源[①]

咸宁市耕地面积为172 841.76hm²(1hm²=10 000m²),主要分布在赤壁、嘉鱼、崇阳等地;园地面积为16 150.28hm²,主要分布在嘉鱼、赤壁、通城等地,多为其他园地(占比48.77%)和果园(占比30.14%);林地面积为585 787.52 hm²,主要分布在通山、崇阳、赤壁等地,多为乔木林地(占比73.01%);草地面积为16 155.54hm²,主要分布在通山、崇阳等地,绝大部分为其他草地(占比99.20%);湿地面积为3 169.37hm²,主要分布在嘉鱼、赤壁、通山等地,多为内陆滩涂(占比99.83%);城镇村及工矿用地面积为58 367.69hm²,主要分布在咸安、赤壁、通城等地,多为村庄用地(占比60.99%);交通运输用地面积为14 658.85hm²,主要分布在咸安、赤壁、通山等地,多为公路用地(占比51.85%)和农村道路(占比44.38%);水域及水利设施用地面积为100 879.55hm²,主要分布在嘉鱼、赤壁、咸安等地,且各类型相对均匀,其中坑塘水面占比36.49%,湖泊水面占比22.57%,水库水面占比16.99%,河流水面占比17.06%。

1.3.2 森林资源

全市有高等植物216科、911属、1971种。其中,引种树种有50科、101属、294种、9个变种,国家重点保护植物有60种。省级保护珍贵树种有金钱槭、黄山木兰、厚朴、刺楸、榉树、润楠、樟树、香榧、青檀、白辛树、黄山花楸、紫荆、银鹊树、檫木、野核桃、青钱柳、湖北枫杨、杨梅、蓝果树、水丝梨、黄杨、仿栗、南紫薇、糙叶树、黄檀、紫茎、天师栗、楸树等。在亚热带季风气候和复杂多样的地形条件下,咸宁市形成了由阔叶林、针叶林和竹林等组成的混合型森林植被覆盖。

1.3.3 水资源

咸宁市气候温和,降水充沛,春季短暂且过渡特征不明显,夏、秋、冬三季则界限分明。冬季盛行偏北风,寒冷干燥;夏季盛行偏南风,炎热多雨。咸宁极端最高气温达41.4℃,极端最低气温为-15.4℃,年平均气温为16.8℃。

[①] 土地资源数据源于《咸宁市第三次国土调查主要数据公报》,2022年4月27日发布。

全市多年平均降水量为 1 523.3mm，多年平均地表水资源量为 80.12 亿 m³，多年平均地下水资源量为 21.24 亿 m³，扣除重复计算量，全市水资源总量为 82.59 亿 m³。相比湖北省其他地级市，咸宁水资源总量位居前列，且在武汉城市圈中排名第二。不仅如此，咸宁多年人均水资源量还高于全省乃至全国平均水平。境内流域面积超过 50km² 的河流有 66 条，面积 100 亩（1 亩≈666.67m²）以上的湖泊有 39 个。此外，市内还有水库 553 座，其中大型 5 座、中型 19 座。

1.3.4 其他资源

咸宁市矿产资源丰富，全市已发现 59 个矿种、69 个亚矿种。

目前，咸宁已建立 6 个国家级湿地公园，分别为赤壁陆水湖国家湿地公园、通城大溪国家湿地公园、崇阳青山国家湿地公园、通山富水国家湿地公园、咸安向阳湖国家湿地公园、嘉鱼珍湖国家湿地公园；同时还建有 3 个省级湿地公园——咸安金桂湖省级湿地公园、通山望江岭省级湿地公园、崇阳浪口省级湿地公园。

此外，咸宁市还拥有九宫山国家级自然保护区、药姑山省级自然保护区、隐水洞地质遗迹自然保护区、西凉湖水生生物自然保护区及黄盖湖县级湿地自然保护区等多类自然保护地。

1.4 社会经济[①]

2023 年，咸宁市地区生产总值为 1 819.23 亿元，按不变价计算，比上年增长 1.6%，三次产业结构比为 14.2∶32.7∶53.1。境内幕阜山绿色产业带（通城县、崇阳县、通山县）地区生产总值为 555.51 亿元，比上年增长 3.9%；境内长江经济带（咸安区、嘉鱼县、赤壁市）地区生产总值为 1 263.73 亿元，比上年增长 0.6%。全年农林牧渔业增加值为 276.36 亿元，同比增长 4.8%；全年粮食产量为 120.82 万 t，同比增长 1.8%。蔬菜及食用菌产量同比增长 1.7%，猪、牛、羊肉产量分别增长 5.0%、15.0% 和 5.0%。

---

① 社会经济数据源于《咸宁市 2023 年国民经济和社会发展统计公报》，2024 年 5 月 17 日发布。

2 评估范围

2.1 空间范围

按照典型性原则,在充分考虑咸宁市所辖县(市、区)自然资源分布和地形特征的基础上,选取12个典型村进行自然资源价值评估。考虑到行政区划的完整性,本次评估对象为12个村的所有自然资源,评估范围面积为18 437.05 hm^2。选中的典型村及其评估面积见表2-1。

表2-1 典型村评估面积一览表　　　　　　　　　　单位:hm^2

村域	澄水洞村	白水村	玄素洞村	水浒城村	南门湖村	陆码头村	洪下村	畈上村	内冲村	左港村	隐水村	石门村
评估面积	1 606.61	673.76	1 462.80	2 127.77	887.77	1 868.29	1 811.80	2 467.84	735.65	1 238.59	1 571.92	1 984.25

2.2 分类范围

自然资源是能够满足人们现在和未来一定时期内的需求,在一定地域内具有使用价值和非使用价值的自然历史综合体。本次自然资源价值评估的对象为咸宁市村级自然资源,将其划定为土地资源、森林资源、草地资源、矿产资源和水资源5类,分别加以评估。湿地和自然保护地的综合性资源价值,一定程度上可以认为是湿地或自然保护地范围内以上5类自然资源价值量的总和,故本书不再赘述。考虑到同一空间范围内存在的自然资源可能不止一类,对自然资源进行整体价值评估时,针对功能多宜性特征明显的自然资源,重点体现其主导功能,合理权衡资源的生态价值与经济价值,使评估结果更符合自然资源保护与利用政策导向。各类自然资源的分类情况具体如下。

2.2.1 土地资源

土地资源是指在当前和可预见的将来,在一定的技术经济条件下可供人类利用的土地,包括12个典型村内所有类型的土地资源。为保证评估结果不重不漏,林地、草地、水域及水利设施用地等地类分别纳入森林资源、草地资源、水资源等对应自然资源类型的评估范畴;而经济特征显化度较低的裸土地、裸岩石砾地等其他用地及交通运输用地不纳入评估范畴。

因此,村域土地资源价值评估涉及农用地和建设用地两大类。其中,农用地包括耕地和园地;建设用地包括工矿仓储用地(不含采矿用地、盐田)、住宅用地、商服用地和公共管理与公共服务用地。工矿仓储用地是指属农村集体所有并用于兴办企业,满足企业修建工厂、安放设备以及其他配套设施等用途的非农建设用地。住宅用地是指农村经济组织对于本村内符合申请条件的成员,依照相关法律规定和相关规划的具体要求,无偿划拨的用于房屋建设的土地,其用地安排具有较强的福利性质。商服用地包括村委会办公用地及医疗、体育、商业和娱乐设施用地等,该类用地所占比例相对较小,但与农民生活密切相关,具备改善农民生活条件、提高生活质量的重要作用。

2.2.2 森林资源

森林资源包括林木、林地,以及依托林木、林地生存的野生动物、植物和微生物。林木包括乔木林、竹林;林地包括有林地、疏林地、灌木林地、未成林造林地、苗圃地等。

2.2.3 草地资源

草地资源是草原生态系统的资源属性总称,一般包括该生态系统内的土地、植物、动物、微生物等。

2.2.4 矿产资源

矿产资源是指由地质作用形成,具有利用价值,呈固态、液态或气态的自然资源。其实物量评估涉及资源储量情况,分为已在自然资源管理部门登记的矿产资源储量和已勘查未开采的矿产资源储量。其价值量评估仅针对固体矿产资源的储量、油气矿产资源的剩余经济可采储量,以及水气矿产资源的允许开采量进行。

2.2.5 水资源

水资源是指由降水形成,赋存于河流、湖泊、水库等水体中,可供人类利用的地表水及地下水资源。依据水资源基础条件和区域特点,以可更新的淡水资源为对象进行价值量评估。

2.3 权属范围

根据评估目的,结合自然资源类别及其权属状况,按表2-2将12个典型村的自然资源分类并纳入评估范围。

表 2-2 自然资源分类

类别	涉及地类
土地资源	耕地、园地、工矿仓储用地(不含采矿用地、盐田)、住宅用地、商服用地和公共管理与公共服务用地
森林资源	林地
草地资源	草地
矿产资源	工矿仓储用地(含采矿用地、盐田)
水资源	水域及水利设施用地

注:为保证评估对象的不重不漏,将土地资源类型与相关资源类型进行整合。考虑到市场价值并参照相关标准,交通运输用地、特殊用地及其他土地不纳入评估范围。

3 评估基准日及评估内容

3.1 评估基准日

评估基准日为 2023 年 3 月 31 日。

3.2 实物量

1. 土地资源

土地资源实物量根据评估基准日前咸宁市及所辖县（市、区）的第三次国土调查数据，结合历年国土变更调查成果、地籍调查数据、不动产登记信息，以及城镇土地分等和农用地质量分等专项工作成果确定。

2. 森林资源

森林资源实物量根据评估基准日前咸宁市及所辖县（市、区）的第三次国土调查数据、历年国土变更调查中的林地图斑数据，结合森林调查监测和林地分等专项工作成果确定。

3. 草地资源

草地资源实物量根据评估基准日前咸宁市及所辖县（市、区）的第三次国土调查数据、历年国土变更调查中的草地图斑数据，结合草原调查监测和草地分等专项工作成果确定。

4. 矿产资源

矿产资源实物量根据评估基准日前咸宁市及所辖县（市、区）历年矿产资源储量统计成果确定，各类矿产资源储量分类参照国家现行标准进行。

5. 水资源

水资源实物量依据评估基准日前咸宁市及所辖县（市、区）的历年水资源公报数据、生态环境统计公报信息,以及《咸宁市水安全保障"十四五"规划》等专项工作成果确定。

3.3 价值量

从自然资源效用、功能及人类劳动投入等角度,可以将自然资源的价值分为经济价值、生态价值和社会价值。

经济价值是指人类对可利用的自然资源投入劳动及技术而产生的价值,即实在的、有形的自然资源资产价值。例如,耕地的经济价值体现在为人类提供了绝大部分的农产品。

生态价值是指人类直接或间接从自然资源生态系统中获得的生态服务功能的货币价值。生态服务包括供给服务、调节服务和文化服务三大类,其中供给服务既可通过经济价值单独核算,也可纳入生态价值综合评估。对不同类别的自然资源进行价值评估时,须明确定义价值范畴,避免重复计算。

社会价值是指自然资源提供社会功能所形成的价值。例如,耕地的社会价值体现在它可以在一定程度上保障粮食安全,进而保障人们的基本生活。

3.3.1 价值界定

1. 价值种类

自然资源价值评估应分别量化其经济价值、生态价值和社会价值。其中,经济价值是评估对象在某一期日、某一状态下的直接市场价值;生态价值是生态系统在特定时段内产生的服务效用的价值;社会价值是自然资源衍生的文化教育等非市场效益。

当评估结果包含非经济价值时,需单独说明核算范围及方法。

2. 市场特征

评估过程中应依据评估目的,合理界定对应的市场特征,包括公开市场中的一般交易价值、特定市场中关联各方在充分考虑各自利益基础上达成的公允价值,以及反映特殊供求关系的其他价值类型。

3. 权利类型

评估中的各类自然资源权利类型一般包括所有权和不同权能限定条件下的使用权。

建设用地权利类型通常包括出让土地使用权、划拨土地使用权、作价出资(入股)土地使用权、授权经营土地使用权、租赁土地使用权,以及其他依法设立的权利类型。

耕地、园地、林地、草地等各类农用地权利类型通常包括所有权和使用权,国有农用地还包括实际登记的其他权利类型。

矿业权包括探矿权和采矿权。

4. 权利期限

对各类自然资源的价值进行评估时,应明确界定价值对应的权利期限。

评估中,各类自然资源使用权的权利期限设定,不得超过法定最高年期或合同约定的剩余年期。

对于划拨土地使用权等法律未限定最高期限的权利类型,评估中可依据具体评估目的或合同约定内容等,按"无年期限制"设定,或依据相关政策合理设定权利期限。

5. 开发利用条件

对各类自然资源的价值进行评估时,还应根据实际踏勘情况明确资源的开发利用条件。

土地资源:对于建设用地,应明确基础设施状况、容积率等;对于农用地,应明确基础设施状况、主导耕作制度、主要农作物种类等。

森林和草地资源:应明确基础设施状况、主要经营方式或经营强度、树种或草种等。

水资源:应明确基础设施状况、主要经营方式、养殖情况和养殖种类等。

矿产资源:应明确主要矿种类型及其开采情况。

对具备生态功能的土地、森林、水体和草地等自然资源进行生态价值评估时,应根据其生态功能现状界定生态服务价值。

3.3.2 价值评估内容

1. 土地资源

从权利类型角度,可将土地资源价值分为所有权价值和使用权价值。所有权作为一种自物权,是对土地拥有完全权能的一种体现,一般没有年期限制。土地使用权则有年期限制。

如前文所述,村域土地资源分为农用地和建设用地两大类。其中,农用地涉及耕地和园地,使用权年期为 30 年;建设用地包括工矿仓储用地(不含采矿用地、盐田)、住宅用地、商服用地及公共管理与公共服务用地,其使用权年期分别为 50 年、70 年、40 年和 50 年。土地使用权价值具体如下。

1) 农用地使用权价值

本次农用地使用权价值评估的对象是农村集体经济组织成员依法取得的耕地

和园地承包经营权价值,具体体现自主经营模式下承包经营权的用益物权价值,以及流转经营时受让方取得的限定年期经营权价值。

2)建设用地使用权价值

依据建设用地使用类别和特征,本次评估将建设用地划分为工矿仓储用地(不含采矿用地、盐田)、住宅用地、商服用地和公共管理与公共服务用地4类。应充分考虑影响以上4类建设用地价值的自然、社会、经济、生态和其他因素,采用科学的方法评估其价值。

在内部流转和外部流转两种情况下,建设用地使用权的价值构成存在差异,且与国有土地价值构成也存在较大差异。

(1)建设用地内部流转:建设用地在农村集体经济组织内部流转时,土地的性质、生产功能、生活保障功能等均没有变化或丧失,导致其土地使用权价值与国有建设用地价值之间有较大差别。从成本角度来看,此类地区建设用地价值成本中不含土地补偿费、征地管理费和社保基金及土地增值收益等部分,包含了安置补助费、青苗及地上附着物补偿费,以及政府规定的相关税费、土地开发费用、利息和利润等。

(2)建设用地外部流转:建设用地在农村集体经济组织以外流转时,其使用权价值与内部流转有着明显差异,这种差异主要是由流转方式、权属性质、区位条件等不同造成的。由于土地的保障功能没有丧失,没有发生土地征收行为等,价值构成中不包含社会保障资金及相关"搭车收费"项目,其他构成部分与国有建设用地地价构成趋同(相关参数取值略有差异)。

2. 森林资源

森林资源价值包括森林为人类提供的物质产品价值、生态服务价值和文化景观价值等多个方面。对森林资源价值进行评估,就是对一定年期内的上述价值进行核算,其结果可以为建立健全森林资源价值实现机制和美丽乡村建设提供科学依据。从产权角度看,森林资源价值包括所有权价值和使用权(包括景观资源经营权)价值,前者无年期限制,后者年期一般为10~20年。

3. 草地资源

12个典型村的草地资源是指归农村集体经济组织及成员使用的荒草地,以及草地生态系统中的动物、植物、微生物等。草地资源价值包括所有权价值和使用权(包括景观资源经营权)价值,前者无年期限制,后者年期按实际情况确定。

4. 矿产资源

由于矿业权包括探矿权和采矿权两类,因而矿产资源价值评估包括探矿权价值评估和采矿权价值评估。探矿权价值评估是对勘察许可证范围内矿产资源勘探权利的经济价值进行评估。采矿权价值评估是对采矿许可证范围内,基于矿产资源开发预期收益形成的开采权益价值进行评估。

根据矿产资源在地壳中富集的物质形态及其用途，可以将矿产资源划分为能源矿产（如煤、石油、天然气等）、金属矿产（如金、银、铜、铁等）、非金属矿产（如石灰岩、白云岩、花岗岩、大理岩、黏土等）和水气矿产（如矿泉水、二氧化碳气等）四大类。12个典型村涉及的矿产资源主要为铜矿、锰矿和海泡石黏土矿，按类别属于金属矿产和非金属矿产两类；从开采程度上分析，它们均属于未开采矿产资源。典型村矿产资源规模划分标准见表3-1。

表 3-1 典型村矿产资源规模划分标准

典型村矿种	计量单位	规模		
		大型	中型	小型
铜	万 t（铜）	≥50	10～50	<10
锰	万 t（矿石）	≥2000	200～2000	<200
海泡石黏土	万 t（矿石）	≥500	100～500	<100

对12个典型村的矿产资源开采条件进行分析，应包括以下两个方面：一是分析矿产资源的品位、赋存条件等，按照勘测结果和相关典型矿产资源对比确定其开采条件参数；二是分析资源的地质构造、岩体性质、矿体结构、矿层厚度、倾斜度、埋藏深度、灾害因素、涌水量等，以确定开采方式和设备方案。

12个典型村的矿产资源价值主要通过矿石销售来实现，并且这些资源具有一定的开发前景，体现在以下3个方面：①中国是锰矿的主要消费国。尽管当前受到能耗"双控"政策的影响，但随着新能源事业的不断发展，锰的应用领域持续拓展。2023年，中国锰矿产量达645万 t，主要用于钢铁行业中硅锰合金和锰铁合金的生产。②铜的用途广泛，下游需求强劲，因此其需求量保持稳定增长。③海泡石黏土是配制特殊钻井泥浆的最佳原料，也是油脂工业和石油精炼中优良的吸附剂或过滤剂，市场对此类矿产有较大需求。

矿山开采服务年限原则上不得少于5年，具体服务年限依据储量和年度开采数量确定。对村域矿产资源价值进行评估时，主要采用成本法或收益法，其前提条件是假设矿产资源以露天开采为主要开采方式。

5. 水资源

村域水资源是指国家所有、由农村集体经济组织及成员使用的水资源。依据水源类型，可将村域水资源分为河流、湖泊、水库、坑塘等地表水资源和地下水资源；按使用功能又可分为农业用水、工业用水、生活用水和生态用水。水资源价值包括所有权价值和使用权（包括景观资源经营权）价值两类，其中所有权为无限年期，使用权期限按实际情况确定。

4 评估原则与技术路线

4.1 评估原则

1. 替代原则

自然资源价值评估应以相邻或类似区域的功能相同或相近、条件和内涵相似的自然资源价值为依据,评估结果不得明显偏离具有替代性质的自然资源的客观价值。

2. 合理有效利用原则

自然资源价值评估应以待估对象在一定的社会经济条件下最为合理有效利用为前提。自然资源合理有效利用的方式受到气候、土壤、水文、地质构成等一系列自然条件,以及地区生产总值、人口、政策等社会经济因素的影响。

3. 预期收益原则

以最为合理有效利用为前提开展自然资源价值评估,就是对各类自然资源在未来一定时期内的客观预期收益进行评估。

4. 供需原则

在正常市场环境下,自然资源价值受市场供需影响。考虑到自然资源具有不动产特性,在进行价值评估时还应着重考虑各类自然资源市场供需的空间性、独特性和差异性。

5. 贡献原则

自然资源总收益由资源禀赋、人力资本、资金投入及技术水平等生产要素的投入规模与配置效率共同决定。在边际报酬递减规律和规模报酬不变的前提下,进行自然资源价值评估时,要考虑各生产要素对总收益的实际贡献率,这样才能客观评估资源价值。

6. 变动原则

影响自然资源价值的各种因素随时间不断变化,且因素之间的相互作用与干扰也在不断变化。

7. 主导价值原则

评估自然资源的经济价值、生态价值和社会价值时,可以结合评估目的、资源类型、利用方式等条件来确定该自然资源的主导价值。

4.2 评估技术路线

本次评估工作基于各类自然资源调查成果,通过比对分析、归类统计,以及实地量测与调查,评估不同分类体系下的自然资源实物量。在此基础上,借鉴不同资源类型和不同特征下的价值指标与资源评价评估方法、统计分析方法,评估自然资源价值量(图4-1)。

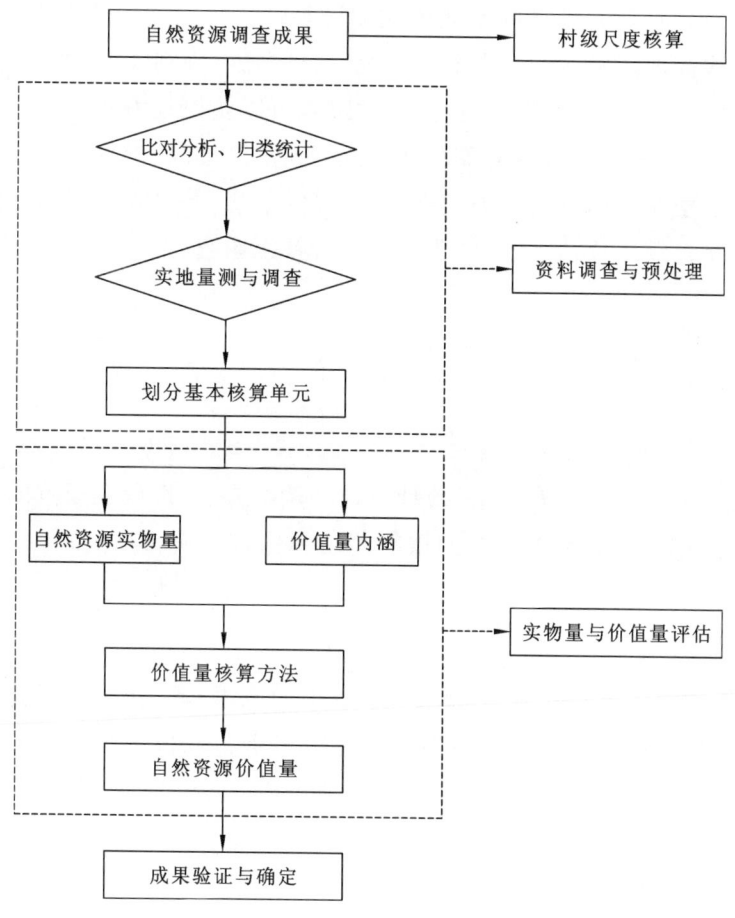

图4-1 评估技术路线

5 基础数据调查

自然资源价值评估是一项技术性、政策性、综合性均很强的工作,既要掌握自然资源评估的理论和技术,还要考虑影响自然资源价值的社会经济因素、自然资源状态和功能因素及区位因素。因此,只有依据充分且准确的资料,才能对自然资源价值作出科学、合理的评估。具体而言,既要保证12个典型村各类自然资源基础数据的完整性,又要对收集的资料进行准确性和可靠性验证。通过收集地方政府、专业团体、估价机构等部门发布的各类资源状况、估价报告、规划文件、技术规程、政策文件等统计资料,并对12个典型村进行现场踏勘,可以获得较为详细准确的资源利用情况数据。在获取充足的自然资源数据后,按照各类资源的价值评估方法和指标体系,对各类自然资源数据进行分类整理,剔除异常信息,并对收集到的资料进行总体评价,判断其是否满足评估需求,以便及时进行补充调查。

5.1 调查原则

1. 规范性原则

在调查前,需要统一调查表格、统计口径和调查方法,以获取规范的资料。这样既有利于准确测算,又有利于资料的重复利用和比较分析,以保持所有资料的统一性、实用性。

2. 典型性原则

为了使待估村落具有代表性,既要使典型村在各县(市、区)中平均分布,又要保证村落选取的随机性。本次评估在充分考虑咸宁市各地自然资源类型和地形特征的基础上,分别从6个县(市、区)各选取2个典型村,总共12个,保证典型村中各类自然资源均有分布。

3. 准确性原则

自然资源价值评估资料的准确性和详细程度,直接影响着自然资源价值评估成果的可信度。因此,估价人员在收集 12 个典型村自然资源资料的过程中,一方面要以准确、翔实为目标开展工作,另一方面要对收集的资料进行科学验证,并依据资料整理情况及时进行补充踏勘。

4. 系统性原则

本次自然资源评估是对 12 个典型村范围内的各类自然资源进行单项评估,资源涵盖范围广。由于各类资源的评估方法差异较大且较为复杂,因此需要系统地收集各类资源数据,以保证自然资源价值评估成果的系统性和可信度。

5. 时效性原则

在正常市场条件和自然资源合理利用的前提下,应按照各类资源的评估方法要求,收集一定期日内的自然资源市场交易数据,以及资源利用过程中的投入产出资料。

5.2 调查程序

1. 制订方案

制订细致周密的资料收集与外业调查方案,统筹安排整个调查工作,包括调查的范围、内容、方法、人员和组织等。

2. 设计调查表

为使调查内容规范、调查结果准确且具有可比性,应参考附录 2,设计用于建立 12 个典型村自然资源价值体系的调查表。调查表应涉及以下内容:村域自然条件、社会经济条件、耕地投入产出情况、园地投入产出情况、住宅用地情况、建设用地情况、商服用地情况、工矿仓储用地情况等。

3. 培训调查人员

为确保 12 个典型村自然资源价值评估资料收集的科学性与时效性,须遵循统一标准、统一流程的原则,通过野外实地操作演练与室内技术要点讲解相结合的方式,对技术人员展开专业技能培训,并组织统一的实践操作,从而为高质量完成自然资源价值评估工作提供坚实的技术保障。

4. 划分调查区域

本次评估调查范围为微观尺度村域:澄水洞村、白水村,位于咸安区;南门湖村、陆码头村,位于嘉鱼县;玄素洞村、水浒城村,位于赤壁市;内冲村、左港村,位于通城县;洪下村、畈上村,位于崇阳县;隐水村、石门村,位于通山县。

5. 收集样点资料

以典型村为单位调查收集样点资料;同时,通过部门调查获取区、乡镇和村 3 个层级的交通状况、基础设施状况、服务设施状况、环境质量、城市规划等资料,确保数据的翔实可靠。此外,还需补充调查与自然资源评估相关的生态威胁、游憩资源和存贷款利率等其他资料。

5.3 资料内容

5.3.1 评估资料

应根据自然资源的特点,重点收集影响资源价值的自然条件、区位条件、社会经济条件、商业繁华度、交通条件、基础设施和生态环境等方面的资料。

(1) 自然条件:包括地形地貌、地质构造、水文特征和气候条件等。

(2) 区位条件:指与中心城镇、乡镇、产业园区及商业繁华区的空间距离。

(3) 社会经济条件:包括经济产值、人均收入水平、耕地占比、建设用地占比、人口密度等。

(4) 繁华程度:包括集贸市场、农贸市场、大型超市、定期集市及专业市场的数量、位置、规模、服务半径和商业业态等。

(5) 交通条件:包括道路通达度和对外交通便利度2个指标。道路通达度是通过自然资源所处的道路类型、级别、交通流量及路网区位确定自然资源通达性能的复合型指标。对外交通便利度是指一个地区对外交通设施(如火车站、港口、长途汽车站等)的连接程度和服务范围。

(6) 基础设施:包括"九通一平"[①]实施情况,以及学校、医院、公园、银行(信用社)、老年活动中心等公共服务设施的类型、数量、空间分布、规模和服务范围等。

(7) 生态环境:包括乡镇企业生产、农业生产及生活过程中产生的点源或面源污染情况,以及其生态环境质量指数等。

5.3.2 其他资料

(1) 土地基准地价更新成果。
(2) 矿产资源统计报表。
(3) 水资源公报。
(4) 森林资源统计调查表。
(5) 相关的政策法规、条例、规定。

---

① "九通"指实现市政道路、雨水管网、污水管网、电信管道、电力管线、给水管网、燃气管网、热力管网和有线电视网络的贯通;"一平"指场地达到自然平整标高要求。

(6) 不同资源的税收种类、税率。

(7) 银行存贷款利率资料。

(8) 乡镇企业基本情况。

5.4 资料整理

资料整理是自然资源价值评估内业工作的重要一环,主要是对外业资料进行验证和统计。结合各类自然资源评估方法和指标体系要求及评估成果的格式规范,本次调查组工作人员深入每个典型村,进行了全样本调查,并将样本的时效范围放宽至近5年。根据调查结果,在内业数据整理过程中要做到:①对12个典型村各类资源的样点进行数据核查,按照统计方法对各类数据进行典型性和代表性验证,保证数据的合理性和有效性,对存在缺漏的数据及时组织补充调查;②将初审合格的样点资料按村落、资源类别和利用方式3个维度进行归类,见表5-1。

表5-1　12个典型村自然资源样点资料统计

资源类别		有效样点数量(个)
土地资源	耕地	108
	园地	30
	商服用地	36
	公共管理与公共服务用地	36
	住宅用地	36
	工矿仓储用地	18
森林资源		72
草地资源		11
矿产资源		5
水资源		74

依据12个典型村的耕地面积,将各村耕地划分为3级,每级选取3个样点。通过内业数据验证和外业踏勘补充,在确定耕地数据的合理性和准确性后,共收集到108个有效样点资料。

依据12个典型村的园地面积,将各村园地划分为3级,每级选取1～2个样点。通过内业数据验证和外业踏勘补充,在确定园地数据的合理性和准确性后,共收集到30个有效样点资料。

依据12个典型村商服用地的种类和面积情况,在各村选取3～4个样点。通过内业数据验证和外业踏勘补充,在确定商服用地数据的合理性和准确性后,共收集到 36 个有效样点资料。

依据 12 个典型村公共管理与公共服务用地的种类和面积情况,在各村选取 3~4 个样点。通过内业数据验证和外业踏勘补充,在确定公共管理与公共服务用地数据的合理性和准确性后,共收集到 36 个有效样点资料。

依据 12 个典型村的住宅用地情况和流转情况,在各村分别选取 3~4 个样点。通过内业数据验证和外业踏勘补充,在确定住宅用地数据的合理性和准确性后,共收集到 36 个有效样点资料。

依据 12 个典型村的工矿仓储用地面积、产权性质和利用状况,在各村选取 1~2 个样点。通过内业数据验证和外业踏勘补充,在确定工矿仓储用地数据的合理性和准确性后,共收集到 18 个有效样点资料。

依据 12 个典型村的林地面积、林木质量和等别划定情况,在各村选取 5~7 个样点。通过内业数据验证和外业踏勘补充,在确定林地数据的合理性和准确性后,共收集到 72 个有效样点资料。

依据 12 个典型村的草地面积,从各村(玄素洞村除外,无草地分布)选取 1~2 个样点。通过内业数据验证和外业踏勘补充,在确定草地数据的合理性和准确性后,共收集到 11 个有效样点资料。

依据 12 个典型村的矿化点资源、探矿权情况、采矿权情况,通过内业数据验证和外业踏勘补充,在确定矿产资源数据合理性和准确性后,共收集到 5 个样点资料。

依据 12 个典型村的水资源种类和利用方式,在各村选取 5~7 个样点,通过内业数据验证和外业踏勘补充,在确定水资源数据的合理性和准确性后,共收集到 74 个有效样点资料。

6 评估方法

6.1 实物量评估方法

自然资源实物量评估是指对土地、森林、草地、矿产、水体等资源的位置、数量、质量、权属、用途及空间分布等情况进行系统核算的工作。

6.1.1 土地资源

土地资源实物量评估应以土地资源现状调查、地籍调查和不动产登记等相关工作成果为依据，通过信息分类提取、分析与汇总实现。

在微观尺度的评估中，应基于土地资源调查成果，结合地籍调查、不动产登记、土地供应及土地利用等数据，对土地实物量进行细化分类统计与评估。

土地资源实物质量评估主要参照各类土地资源质量调查评价成果，如农用地质量分析报告等，其评估内容随土地功能和质量评价工作的深入开展而不断拓展和丰富。

6.1.2 森林资源

森林资源实物量评估应以现有森林调查监测成果为依据，通过信息分类提取、分析与汇总实现。若现有数据库不满足实物量评估要求，应根据国家相关规定补充基础数据。

森林资源实物质量评估主要参照林地分等报告和森林调查监测报告等各类森林质量调查评价成果进行，其评估内容随森林质量评价工作的深入开展而不断拓展和丰富。如果既有质量评价成果不能满足需求，可按照相关规定开展林地分等工作，形成相应成果。

6.1.3 草地资源

草地资源实物量评估应以现有草地调查监测成果为依据,通过信息分类提取、分析与汇总实现。若现有数据库不满足实物量评估要求,应根据国家相关规定补充基础数据。

草地资源实物质量评估主要参照草地分等报告和草地调查监测报告等各类草地质量调查评价成果进行,其评估内容随草地质量评价工作的深入开展而不断拓展和丰富。如果既有质量评价成果不能满足需求,可按照国家相关规定开展草地分等工作,形成相应成果。

6.1.4 矿产资源

矿产资源实物量评估应以矿产资源储量登记数据库、湖北省及咸宁市矿产资源储量通报和储量统计表、实地调查数据为依据,核实在特定时间(或时点)和空间范围内矿产资源的数量、质量、用途及分布情况。

6.1.5 水资源

对水资源实物量进行评估时,既要核算评价期初、期末水资源的存量,也要核算由于自然因素(如降水、蒸发、流入、流出等)和人类经济活动因素(如开采和排放)引起的水量变化。通常以行政主管部门的水资源公报、水利统计年鉴、生态环境状况公报、生态环境统计年报等为数据来源,通过信息分类提取、分析与汇总实现。水资源分为地表水资源和地下水资源两类,水资源总量计算应在分析地表水和地下水相互转化关系的基础上进行。应通过分析不同自然地理类型区的降水、地表水和地下水的相互转化机理,建立降水量与地表径流量、地下径流量、潜水蒸发量、地表蒸发量等的平衡关系,从而揭示出区域的天然水循环规律,最后按山丘区和平原区两种类别对水资源总量进行分类汇总,具体按式(6-1)~式(6-17)计算。

1. 地表水资源量核算

地表水资源量为天然河川径流量与地下水、地表水资源之间的不重复计算水量之和,表示如下:

$$W_{表}=R+P_r-R_g \tag{6-1}$$

式中,$W_{表}$为地表水资源量;R为天然河川径流量;P_r为降水入渗补给量;R_g为天然河川基流量。P_r-R_g为降水入渗补给地下水而未通过河川基流排泄的水量,即地下水、地表水资源之间的不重复计算水量。以上各项单位均为万立方米/年（万 m³/a）。

天然河川径流量的计算需依据水文站实测的逐日河川径流量数据。首先，在坐标系中点绘评价期内逐年实测的河川径流量日过程线，其中横坐标代表时间，纵坐标代表实测河川径流量。接着，绘制逐年天然河川径流量（以深度表示）等值线图，并据此量算各评价分区逐年地表水资源量。评估时段内天然河川径流量计算方法见式(6-2)：

$$R = R_1 + R_2 + R_3 + R_4 \pm R_5 \pm R_6 \pm R_7 \tag{6-2}$$

式中，R 为天然河川径流量；R_1 为实测河川径流量；R_2 为农业灌溉耗损量；R_3 为工业用水耗损量；R_4 为生活用水耗损量；R_5 为跨流域引调水量，调出为正，调入为负；R_6 为河道调洪量，泄洪为正，蓄洪为负；R_7 为湖库蓄水变量，蓄水增加为正，减少为负。以上各项单位均为万立方米/年（万 m³/a）。

12个典型村地表水资源实物量包括河流、湖泊、水库、坑塘等地表水体的动态水量。通过选取多年平均天然河川径流量计算，可得到12个典型村同步期逐年、多年及不同频率的地表水资源量。当评价区或基本评价单元内的河流设有水文站控制时，可根据水文站记录的逐年天然河川年径流量，按照面积比或降水量比将其修正为基本评价单元的逐年地表水资源量。对于缺乏长期水文站资料或未设水文站控制的典型村，通常采用水文模型来推算该村的逐年地表水资源量，或者也可以参考与该村具有相似自然地理特征的地区的降水与径流关系，来推导该村的逐年地表水资源量。

评估地表水资源的实物量，需要获取以下数据：①地形地貌特征、地域地质条件、地质构造及水文地质条件；②降水量、蒸发量、河川径流量；③灌溉引水量、灌溉定额、灌溉面积、开采井的数量、单井出水量、地下水实际开采量、地下水动态变化及地下水水质情况；④包气带及含水层的岩性、层位、厚度及水文地质参数。对于岩溶地下水分布区，还需要获取岩溶的分布范围及其发育程度。

2. 地下水资源量核算

在12个典型村中，澄水洞村、白水村、南门湖村、陆码头村的地下水资源类型为平原区地下水，其余8个村的地下水资源类型为山丘区地下水。对于平原区地下水资源评价单元，应根据微地形地貌及水文地质条件，结合浅层地下水含水层底板以上包气带、各含水层和弱透水层的垂向分布状况、厚度及岩性特征，划分出若干个水文地质单元。至于山丘区地下水资源评价单元，则可以根据评价需要，按集水面积划分为若干个水文地质单元。要求计算各评价单元的地下水资源量，并将其汇总至水资源分区和行政分区的地下水资源量。

1）平原区地下水资源量

（1）地下水补给量。

① 降水入渗补给量。按式（6-3）计算：
$$P_r = 10^{-3} \times \alpha \times P \times F \tag{6-3}$$
式中，P_r 为降水入渗补给量（万 m^3/a）；α 为降水入渗补给系数；P 为降水量（mm/a）；F 为村域面积（hm^2）。

② 山前侧向补给量。沿山丘区与平原区界线作垂向计算断面，其中，计算断面的深度为浅层地下水水位至第一个含水层底板的距离。采用地下水动力学法，按式（6-4）计算山前侧向补给量：
$$Q_{侧补} = 10^{-4} \times K \times I \times L \times M \times t \tag{6-4}$$
式中，$Q_{侧}$ 为山前侧向补给量（万 m^3/a）；K 为渗透系数（m/d）；I 为水力坡度；L 为计算断面长度（m）；M 为计算断面的深度（m）；t 为补给天数（d/a）。

③ 河道侧向补给量。沿河道段作垂向计算断面，其中，计算断面的深度为浅层地下水水位至第一个含水层底板的距离。采用地下水动力学法，按式（6-5）计算河道侧向补给量：
$$Q_{河补} = 10^{-4} \times K \times I \times A \times L \times t \tag{6-5}$$
式中，$Q_{河}$ 为河道侧向补给量（万 m^3/a）；A 为每米河长计算断面面积（m^2/m）；t 为补给天数（d/a）；K、I、L 同式（6-4）。

④ 湖库渗漏补给量。可按式（6-6）计算：
$$Q_{湖库补} = Q_{入湖库} + P_{湖库} - E_{湖库} - Q_{出湖库} - E_{浸} \pm Q_{蓄变} \tag{6-6}$$
式中，$Q_{湖库补}$ 为湖库渗漏补给量；$Q_{入湖库}$ 为调入水量；$P_{湖库}$ 为湖库水面降水量；$E_{湖库}$ 为湖库水面蒸发量；$Q_{出湖库}$ 为引出水量；$E_{浸}$ 为湖库周边浸润带的蒸散发量；$Q_{蓄变}$ 为年末与年初湖库蓄水量之差，当年末湖库水位高于年初湖库水位时取"－"，反之取"＋"。以上各项单位均为万立方米/年（万 m^3/a）。

⑤ 渠系渗漏补给量。利用地下水动力学法，按式（6-7）计算干渠、支渠渠系渗漏补给量：
$$Q_{渠系补} = m \times Q_{渠首引} \tag{6-7}$$
式中，$Q_{渠系补}$ 为渠系渗漏补给量（万 m^3/a）；m 为渠系渗漏补给系数；$Q_{渠首引}$ 为渠系引水量（万 m^3/a）。

⑥ 渠灌田间入渗补给量。典型村内渠灌田间入渗补给量为斗渠、农渠、毛渠渗漏补给量，可按式（6-8）计算：
$$Q_{渠灌补} = \beta \times Q_{渠田} \tag{6-8}$$
式中，$Q_{渠灌补}$ 为渠灌田间入渗补给量（万 m^3/a）；β 为渠灌田间入渗补给系数；$Q_{渠田}$ 为基本评价单元内斗渠、农渠、毛渠三级渠道的引水量（万 m^3/a）。

⑦ 井灌回归补给量。可按式(6-9)计算：

$$Q_{井归} = \beta^* \times Q_{农开} \tag{6-9}$$

式中，$Q_{井归}$为井灌回归补给量(万 m³/a)；β^*为井灌回归补给系数；$Q_{农开}$为灌溉用浅层地下水开采量(万 m³/a)。

⑧ 水稻生长期田间入渗补给量。在水稻生长期，田间地表面始终处于积水状态。积水除水面蒸发消耗和通过排水渠排出田间外，还形成对基本评价单元浅层地下水的补给，这部分水资源量称为水稻生长期田间入渗补给量。按式(6-10)计算：

$$Q_{水生田} = 10^{-1} \times \varphi \times F_水 \times t' \tag{6-10}$$

式中，$Q_{水生田}$为水稻生长期补给量(万 m³/a)；φ为稳渗率(mm/d)；$F_水$为水稻田面积(km²)；t'为水稻生长期(d/a)。

(2) 地下水排泄量。

① 潜水蒸发量。按式(6-11)计算：

$$E_g = 10^{-3} \times C \times E_{601B} \times F \tag{6-11}$$

式中，E_g为潜水蒸发量(万 m³/a)；C为潜水蒸发系数；E_{601B}为蒸发器水面蒸发量(E601B型)(mm/a)；F为村域面积(hm²)。

② 地下水开采量。地下水开采量可按开采系数法计算。该方法适用于地下水开发利用程度一般，并有地下水开采量和地下水水位动态观测资料的地区。

(3) 地下水蓄变量。

年均地下水蓄变量可按式(6-12)计算：

$$\Delta W = \frac{\mu \times (h_2 - h_1) \times F}{T'} \tag{6-12}$$

式中，ΔW为年均地下水蓄变量(万 m³/a)，当评价期初地下水水位低于评价期末地下水水位时为正值，即在评价期地下水存蓄量增加；当评价期初地下水水位高于评价期末地下水水位时为负值，即在评价期地下水存蓄量减少。h_1为评价期初基本评价单元的平均地下水水位(m)，可根据基本评价单元内各地下水水位监测站在评价期初监测的地下水水位，采用面积加权平均法确定。h_2为评价期末基本评价单元的平均地下水水位(m)，可根据该基本评价单元内各地下水水位监测站在评价期末监测的地下水水位，采用面积加权平均法确定。μ为h_1与h_2之间岩土层的给水度，无量纲。T'为评价期年数(a)。F为村域面积(hm²)。

(4) 地下水相对均衡差。

平原区的年均地下水总补给量、年均地下水总排泄量及地下水蓄变量的相对均衡差按式(6-13)计算：

$$\delta = \frac{Q_{总补} - Q_{总排} - \Delta W}{Q_{总补}} \times 100\% \tag{6-13}$$

式中，δ 为相对均衡差；$Q_{总补}$ 为年均地下水总补给量（万 m³/a），$Q_{总排}$ 为年均地下水总排泄量（万 m³/a）；ΔW 为年均地下水蓄变量（万 m³/a）。通常当相对均衡差不超过±15%时，各项多年平均地下水补给量、排泄量及地下水蓄变量基本均衡；若相对平均衡差超过±15%，则应对年均地下水补给量、排泄量及地下水蓄变量进行核实和重新定量。

2）山丘区地下水资源量

（1）天然河川基流量。

山丘区天然河川基流量计算公式如下：

$$R_g = R_{g实} + R_{还} \times \frac{R_{g实}}{R_{实}} \tag{6-14}$$

式中，R_g 为天然河川基流量；$R_{g实}$ 为实测河川基流量；$R_{还}$ 为河川径流量的还原水量；$R_{实}$ 为实测河川径流量。以上各项单位均为万立方米/年（万 m³/a）。

对于无水文站控制河川径流量的基本评价单元，可以根据其降水特征、地形地貌、地质构造以及植被状况等下垫面条件，选取附近区域内有水文站控制且下垫面条件相同或相近的基本评价单元，参考其天然河川基流量的计算结果。采用水文比拟法，并按照式（6-15）计算该无水文站控制单元的天然河川基流量。

$$R_{g无} = F_{无} \times \frac{R_{g有}}{F_{有}} \tag{6-15}$$

式中，$R_{g无}$ 为无水文站控制的典型村的天然河川基流量（万 m³/a）；$F_{无}$ 为无水文站控制的典型村的面积（hm²）；$R_{g有}$ 为有水文站控制的典型村的天然河川基流量（万 m³/a）；$F_{有}$ 为有水文站控制的典型村的面积（hm²）。

用评价期内逐年天然河川基流量之和，除以评价期的年数，即可得到该基本评价单元在评价期内的多年平均天然河川基流量。

（2）地下水开采净消耗量。

地下水开采净消耗量的计算过程如下。

a. 采用调查、统计方法，确定评价期内逐年浅层地下水开采量。

b. 统计浅层地下水开采量的用水户及其对应的用水量。

c. 确定各用水户所用浅层地下水开采量中，用于农田灌溉形成的井灌回归补给量和用于生活、工业、生态后排入河道的水量。

d. 用开采量减去用于农田灌溉形成的井灌回归补给量和用于生活、工业、生态后排入河道的水量，得到浅层地下水开采净消耗量。

e. 用评价期内逐年浅层地下水开采净消耗量之和，除以评价期的年数，即可得到评价期内多年平均浅层地下水开采净消耗量。

(3) 潜水蒸发量。

按式(6-11)计算。

(4) 山前侧向流出量。

典型村内部山丘区与平原区界线上的山前侧向流出量,依据该村内与山丘区接壤的平原区山前侧向补给量和接壤界线长度确定。用评价期内逐年山前侧向流出量之和,除以评价期的年数,即可得到评价期内多年平均山前侧向流出量。

(5) 山前泉水溢出量。

典型村内山丘区与平原区界线附近的山前泉水溢出量(未计入山丘区天然河川径流量),须计入山丘区地下水资源量。集中于某处的一眼或多眼泉,其产水区为该泉或泉群在山丘区面积较大的泉域,因此,该处泉水溢出量应分配到整个泉域。当泉域界线不甚清晰时,可将泉水溢出量粗略地分配到泉水溢出处附近的一个或几个基本评价单元。评价期内逐年的泉水溢出量可采用调查、统计方法得出。用评价期内逐年山前泉水溢出量之和,除以评价期的年数,即可得到评价期内多年平均山前泉水溢出量。

3. 山丘区水资源量汇总方法

山丘区水资源总量可根据山丘区河川径流量、地下水总排泄量和河川基流量,采用式(6-16)计算:

$$W_{山}=R+Q_{排}-R_g \tag{6-16}$$

式中,$W_{山}$ 为山丘区水资源总量;R 为山丘区河川径流量;$Q_{排}$ 为山丘区地下水总排泄量;R_g 为山丘区河川基流量。以上各项单位为万立方米/年(万 m^3/a)。

对于某些南方山丘区,由于地下水主要以河川基流形式排泄,其他排泄量相对较小,因此可将河川径流量近似作为水资源总量。

4. 平原区水资源量汇总方法

典型村所处区域为南方,南方平原区水资源总量宜采用河川径流量加不重复量的方法,按式(6-17)计算:

$$W_{平}=R+(E_{旱}+Q_{采耗})\times \frac{P_{r旱}}{Q_{旱总补}} \tag{6-17}$$

式中,$W_{平}$ 为平原区水资源总量;R 为河川径流量,$E_{旱}$ 为旱地和水田旱作期的潜水蒸发量;$Q_{采耗}$ 为浅层地下水开采净消耗量;$P_{r旱}$ 为旱地和水田旱作期的降水入渗补给量;$Q_{旱总补}$ 为旱地和水田旱作期的总补给量,即降水与灌溉入渗补给量之和。以上各项单位均为万立方米/年(万 m^3/a)。

6.2 价值影响因素

6.2.1 土地资源价值的影响因素

1. 一般因素

在市场条件下,土地资源作为一种极为重要的生产要素,常与人力、资本等生产要素优化组合后,促进社会经济的发展。从投入产出的角度来看,土地资源价值与社会经济关系极为密切,并形成复杂的人地关系系统。社会经济因素不仅是土地资源价值形成的基础,也决定着土地资源价值的总体水平。同时,考虑到土地资源的自然属性和不动产属性,土地资源本身的禀赋和地域固定性特征也会对其价值产生重要影响。

政府作为国民经济的宏观调控机构和权力机关,其发布的关于土地与房地产方面的制度(如农村土地承包责任制、农村宅基地制度)、政策、法规等,以及政府对社会经济和土地利用方面作出的各种计划(如国民经济发展计划)、规划(如国土空间规划)等,对土地资源价值的影响不容忽视。

2. 区域因素

不同区域的土地资源,其价值差别较大。影响土地资源价值的区域因素有3个方面:一是土地资源所处的绝对或相对空间位置。绝对空间位置是指土地资源所在的具体地理位置,在空间上具有唯一性;相对空间位置则是指土地资源所处位置与商业中心、行政中心等的距离,这种相对距离往往是由典型村所处的交通区位和交通道路等级、路网密度等决定的。二是村庄的基础设施和公共服务设施的水平,包括是否实现"九通一平",以及村庄内部和周边的科技、教育、文化、卫生和生态环境等方面的建设水平。三是依据美丽乡村规划及相关上位规划实施的土地用途管制。这类管制措施对土地的用途与功能进行了明确限定,也在很大程度上影响着土地价值。

3. 个别因素

典型村土地资源中各地块单元具有自身的条件和禀赋。无论是实行土地承包责任制的农用地,还是生活区内的住宅用地、公共管理与公共服务用地,其复杂的产权属性和自然属性使得土地资源价值在不同村庄、地块及规划条件下存在显著差异。

6.2.2 森林资源价值的影响因素

1. 自然因素

森林资源的分布和形成受到多种自然条件的影响。例如,温度、湿度和降水等气候条件对森林的分布有重要影响——温暖湿润的气候有利于森林的生长,而寒冷干燥的气候则不利于森林的形成。一般来说,森林面积和蓄积量是衡量森林资源规模和生产能力的重要指标,不同类型的森林具有不同的生态服务功能和景观价值。

2. 社会经济因素

政府关于林地及森林资源的各种制度、政策、法规,如《中华人民共和国森林法》、乡村绿化政策和森林资源发展规划等,对森林经营方式和保护措施的制定具有重要影响,从而间接影响森林资源的价值。

人口作为社会经济发展和林地利用的重要投入要素,其数量和质量对森林资源价值的实现也有着重要影响。特别是农村人口数量、受教育水平和农户家庭结构,在很大程度上决定了森林资源的利用方式和价值体现。

3. 个别因素

典型村森林资源中各地块单元具有不同的条件和禀赋。从林地情况来看,林地地块的大小、形状等自然属性,对林地利用和林木生产有较大影响的小气候、异质土壤条件,以及自然灾害、人为污染等小环境,都会对林地价值产生影响。从林木情况来看,林木的种类、生长周期,以及农户对经济林木的采伐运输等经营行为,也在很大程度上影响着林木价值。

6.2.3 草地资源价值的影响因素

1. 自然因素

草地资源作为重要的地表覆盖类型,其生长依赖于多种自然条件。首先,草地生产力与气候密切相关,特别是温度和水分条件。例如,在湿润度 0.6~1.0、年降水量 350~550mm 的温带半湿润、半干旱气候条件下,形成的温性草甸草原具有较高的生产力。其次,地形地貌对草地生产力也有重要影响。适宜的地形地貌条件能够提供良好的土壤,有助于保持水分,从而促进草类生长。因此,适宜的温度、水分和地形地貌条件能够显著提高草地资源的经济价值和生态价值。

2. 社会经济因素

影响草地资源价值的社会经济因素主要体现在政策、市场、交通运输及劳动力

4个方面。

政策：政府的政策对草地资源的保护和利用具有重要影响。科学合理的政策可以鼓励草地的合理开发与保护，避免过度开发和滥用。例如，典型村土地规划、美丽乡村规划及农用地用途管制等政策在很大程度上影响着草地的价值。

市场：草地资源作为畜牧业的重要基础，提供了大量的牧草和畜产品，如肉类、奶类、毛皮等，这些产品市场需求量大，对当地经济发展有重要贡献。

交通运输：草地的地理位置和交通条件直接影响其利用效率。一般来说，交通便利的草地更容易吸引投资者和游客，进而促进当地经济发展。因此，典型村的主要交通道路等级、交通结构、路网密度及交通便捷度等，在一定程度上影响着草地资源的价值。

劳动力：草地资源的开发和管理需要大量的人力投入，合理的劳动力配置不仅可以提高草地资源的利用效率，还能促进当地就业，进而提升草地资源的价值。

6.2.4　矿产资源价值的影响因素

1. 矿产资源的有限性

矿产资源形成周期漫长、形成条件复杂。相对于人类历史而言，矿产资源属于不可再生且具有稀缺性的自然资源。其储量有限且分布不均衡，因此矿产资源价值自然而然受到其有限性与不可再生性的影响。

2. 矿产资源的可替代程度

随着科学技术的发展，矿产资源的利用效率越来越高，这在一定程度上延长了资源的使用期限。同时，人们正在不断探索和开发替代矿产资源的新能源。虽然目前人类尚无法完全摆脱矿产资源，但替代能源所带来的替代效应及其所产生的机会成本和经济效益，也会影响矿产资源的价值。因此，矿产资源的价值会随着新能源可替代程度和替代成本的变化而发生波动。

3. 矿产资源分布的非均衡性

矿产资源成矿条件的特殊性和所具有的不动产资源属性，导致矿产资源在地域上分布不均衡。矿产资源的品质、埋深和空间分布等特征都会对矿产资源价值产生影响。

4. 矿产资源的复杂性

矿产资源是在特定的地理区域和特殊地质、水文等自然条件下，经过漫长的地质历史过程形成的，通常具有地理位置偏远、品位不确定、矿种组合多样等特征。因此，不同区域的矿产资源在实物量、开采价值、开采环境和经营方式方面都有着较大的差异。

5. 矿产资源的开采技术

矿产资源开采技术直接影响其经济价值。一方面,先进高效的开采技术可以提高开采效率,降低成本,提升资源利用率,减少浪费,从而提高矿产品的市场竞争力;另一方面,环保的开采技术有助于降低生态恢复成本,提升资源开发的可持续性。

6.2.5 水资源价值的影响因素

1. 自然因素

水资源的数量和分布是决定其价值的基础,尤其对于水资源紧缺的地区或国家而言,缺水程度和供水保证率在很大程度上决定着水资源的经济价值。在水资源供给不平衡特别是供给远小于需求的情况下,水资源供需市场具有一定的垄断性,从而使水资源具有较大的价值增值空间。

此外,水资源的质量高低会影响其用途,进而对水资源的价值产生决定性影响。在农村地区,周边工矿企业盲目发展所排放的污水,以及农业生产中过量使用的农药、化肥,都会对地表水和地下水资源造成不同程度的污染,从而对水资源价值产生较大影响。

2. 社会经济因素

水资源作为社会经济发展和人民生活所必需的重要资源和生产要素,总是在不断发生价值增值,而这种价值增值与国民收入水平及居民消费能力密切相关。

除了上述经济因素外,人口数量与素质、社会伦理观念及文明程度等也会对水资源的价值产生重要影响。当人口变化达到一定程度,足以改变水资源供需平衡,或造成难以逆转的环境恶化情况时,就会对水资源价值产生重要影响。

在可预见的将来,人类可能面临日益严峻的水资源短缺问题。通过提高公众的社会素质和文化素养,增强节水与环保意识,有助于提高水资源的利用效率,从而更好地实现水资源的价值。

3. 水环境因素

在水资源的价值实现过程中,水环境是一个重要的制约因素。例如,在水资源利用过程中,若发生水土流失问题,不仅会对土地资源的利用造成直接或间接的经济损失和生态破坏,还会对水资源的数量和质量产生负面影响,进而制约社会经济的可持续发展和生态环境的改善,从而对水资源价值实现造成阻碍。因此,保护水环境是实现水资源合理利用和保障其价值最大化的关键之一。例如,提高地表植被覆盖率可以有效防治水土流失,促使特定区域的水资源数量和质量向良性方向发展,缓解由环境污染引发的社会经济和生态问题,从而提升水资源的整体价值。

6.3 价值量评估方法

6.3.1 土地资源价值

1. 经济价值

评估土地资源的经济价值时,主要考虑其价值构成,从成本和收益角度进行度量,可采用的评估方法包括收益还原法、市场比较法、成本逼近法等(表6-1)。

表6-1 土地资源经济价值评估方法及其适用范围

土地资源经济价值评估方法	适用条件或范围
收益还原法	收益较为明确
市场比较法	市场发育较为完善,可比实例充足
成本逼近法	成本较为明确
剩余法	土地资源具有开发潜力
基准地价系数修正法	已完成基准地价评估的区域
参照替代法	零星或个别地块

1) 收益还原法

收益还原法是通过收集市场资料和土地经营的成本、收益数据,估算土地资源未来各期的正常年纯收益和评估基准日的市场还原利率,并结合式(6-18)、式(6-19)来计算土地资源经济价值的方法。由此可知,采用收益还原法的前提是土地资源在正常市场或生产条件下具有明确、可量化的纯收益。对于耕地和园地而言,由于其纯收益相对容易核算,因此较适用该方法。对于其他类型的自然资源,若满足收益还原法适用条件,亦可采用此法评估其经济价值。

收益还原法的计算公式有如下两种。

一是年纯收益不变、无限年期的情形。土地资源经济价值计算公式如下:

$$P = \frac{a}{r} \tag{6-18}$$

式中,P 为土地资源经济价值(元);a 为土地资源年纯收益(元);r 为土地资源还原利率(%)。

二是年纯收益不变、有限年期的情形。土地资源经济价值计算公式如下:

$$P = \frac{a}{r}\left[1 - \frac{1}{(1+r)^n}\right] \tag{6-19}$$

式中，P、a、r 含义同式(6-18)；n 为资源使用年期(a)。

采用收益还原法时，评估步骤如下。

（1）收集资料。

依据土地分等定级情况，选取具有典型特征和代表性的样点进行现场踏勘，收集典型村土地利用的投入产出数据；依据收益还原法的计算原理，收集近三年内该村土地资源的属性特征数据及其自营或流转过程中的成本收益情况。同时，根据市场发育状况，适当收集与待估土地资源相同或类似的宗地（地块）的生产经营成本费用和效益资料。

（2）测算年总收益。

本次土地年总收益测算主要针对经营性土地资源，包括农用地中的耕地和园地，以及建设用地中的工矿仓储用地和商服用地。在正常的法定用途和经营模式下，土地经营者所获得的正常年收益及各类补贴均应计入土地经营收益。由于农村土地资源流转市场具有特殊性，可以结合土地使用权流转方式和实际经营情况，以利润最大化为原则，分别测算各类土地的正常经营年总收益，方法如下。

① 若待估土地资源由农户、村委会等在取得承包权后采用直接生产经营方式使用，则将土地经营的年收入作为年总收益。

② 若待估土地资源由农户、村委会或企业通过租赁、入股等方式将土地使用权流转给他人经营使用，则将该土地资源年租金收入及保证金、分红或押金利息收入之和作为年总收益。

（3）测算年总费用。

本次土地年总费用测算主要针对经营性土地资源，具体是指在土地的法定用途和正常经营模式下，土地经营者对其使用的土地为合理、有效地获取经营收益而支付的年平均客观总费用。由于农村土地资源流转市场具有特殊性，可以结合土地使用权流转方式和实际经营情况，以利润最大化为原则，分别测算各类土地的正常经营年总费用，方法如下。

① 若待估土地资源采用直接生产经营方式，则将生产经营过程中投入的化肥、种子和农药等生产资料成本，以及市场销售费用等直接或间接成本，与经营相关的其他费用一并计入年总费用。对于生产经营过程中投入形成的固定资产，应按照其价格构成和预计使用年限，选择适当的折旧方法，按年进行费用摊销，并计入当年生产经营成本。

② 待估土地资源由农户或村委会流转给他人，以租赁方式进行经营的，则将租赁过程产生的各类年平均费用之和作为年总费用。

（4）测算年纯收益。

年纯收益为年总收益与年总费用之差。如果所求取的年纯收益为负值，可比照纯收益为正值的类似资源，经过比较修正，测算待估资源的纯收益。

（5）确定土地资源还原利率。

土地资源还原利率可按租售比法（市场提取法）、安全利率加风险调整值法、投资风险与投资收益率综合排序插入法确定。

（6）计算土地资源经济价值。

依据测算得出的土地资源纯收益的年际变化情况选择相应的收益还原公式，计算出年限内的土地资源经济价值。

2）市场比较法

根据自然资源价值评估原则中的替代原则，在农村土地资源市场交易比较活跃的典型村，可将待估土地资源与评估基准日相近时期土地流转市场上已经发生的类似土地资源交易进行比较，对正常市场条件下类似土地资源的成交价格，采用适当方法进行修正后，估算待估土地资源价格。其他资源若满足市场比较法适用条件，亦可采用该法评估自然资源价值。

市场比较法应用公式如下：

$$P = P_0 \times K_c \times K_t \times K_n \times K_e \times K_s \times K_y \tag{6-20}$$

式中，P 为待估自然资源的价值（元）；P_0 为比较实例成交价格（元）；K_c 为交易情况修正系数；K_t 为交易期日修正系数；K_n 为自然因素修正系数；K_e 为社会经济因素修正系数；K_s 为特殊因素修正系数；K_y 为使用年期修正系数。

采用市场比较法评估土地资源价值的步骤如下。

（1）收集宗地交易实例。根据影响土地资源价值的自然因素、社会经济因素和市场因素，重点从土地资源的自然属性（如区位、用途、面积等）和社会经济属性（如经营方式、产权类型、使用年期等），以及土地流转的时间、地点、交易目的、成交价格及付款方式等方面，收集并整理具有可比性的交易案例资料。

（2）确定比较实例。选取的比较实例应满足以下条件：与待估对象处于同一地区（首选），或处于邻近地区、类似地区（次选）；土地用途相同；成交价格类型相同或具有可比性；成交期日与评估基准日接近；为正常市场交易行为形成的实例，或可通过调整修正还原为正常交易的实例。应至少选择3个可比实例。

（3）建立价格可比基础。

① 统一付款方式：将分期付款的成交价格折算为一次性付清的价格。具体方法是采用资金时间价值中的折现计算，将其折算至成交日期的一次性支付金额。

② 统一采用单价：通常以单位面积的土地价格作为比较基础。

③ 统一币种和货币单位：在不同币种之间进行价格换算时，应采用该价格所对应日期的汇率；货币单位一般采用"元"。

④ 统一面积单位：通常以"平方米"为单位。

⑤ 统一面积内涵：明确界定可比实例中土地面积的计算范围，确保面积口径

一致。

(4) 进行相关情况修正。由于待估地块和比较实例的价值可能受到社会经济和特殊因素的影响,因此需要分析各因素对土地资源交易价格的影响程度,建立土地资源价值的影响因素修正体系,以减少评估结果的偏差。

① 计算交易情况修正系数。计算公式如下:

$$K_c = \frac{I_{cp}}{I_{cb}} \quad (6\text{-}21)$$

式中,K_c 为交易情况修正系数;I_{cp} 为待估土地资源交易情况指数;I_{cb} 为比较实例土地资源交易情况指数。

② 计算交易期日修正系数。计算公式如下:

$$K_t = \frac{I_{tp}}{I_{tb}} \quad (6\text{-}22)$$

式中,K_t 为交易期日修正系数;I_{tp} 为评估基准日的土地资源价格指数;I_{tb} 为交易期日的土地资源价格指数。当本地区或类似地区缺乏土地资源价格指数时,可结合当地土地资源价格的近期变动情况及发展趋势进行综合分析,确定交易期日修正系数 (K_t)。

③ 计算自然因素修正系数。

$$K_n = \prod_{i=1}^{n} \left(\frac{I_{oi}}{I_{bi}} \right) \quad (6\text{-}23)$$

式中,K_n 为自然因素修正系数;I_{oi} 为待估资源 i 因素指数;I_{bi} 为交易实例资源 i 因素指数;n 为影响因素个数。

④ 计算社会经济因素修正系数。

$$K_e = \prod_{i=1}^{n} \left(\frac{I_{oi}}{I_{bi}} \right) \quad (6\text{-}24)$$

式中,K_e 为社会经济因素修正系数;I_{oi}、I_{bi}、n 同式(6-23)。

⑤ 计算特殊因素修正系数。

$$K_s = \prod_{i=1}^{n} \left(\frac{I_{oi}}{I_{bi}} \right) \quad (6\text{-}25)$$

式中,K_s 为特殊因素修正系数;I_{oi}、I_{bi}、n 同式(6-23)。

⑥ 计算使用年期修正系数。

由于土地资源在产权和用途方面存在限制,各比较实例的产权年期与待估地块的使用年期往往存在差异,这会对土地资源价格产生影响。为使各比较实例的产权年期与待估地块的使用年期具有可比性,需要对使用年期进行修正。

$$K_y = \frac{1 - \left(\frac{1}{1+r} \right)^m}{1 - \left(\frac{1}{1+r} \right)^n} \quad (6\text{-}26)$$

式中，K_y 为使用年期修正系数；r 为土地资源还原利率(%)；m 为待估土地资源的使用年期(a)；n 为比较实例的使用年期(a)。

(5) 计算土地资源价值。

按上述方法对土地资源价值影响因素和市场因素进行修正后，可采用算术平均法、几何平均法、中位数法或众数法综合计算得出土地资源价值。

3）成本逼近法

成本逼近法是以取得和开发土地过程中所发生的各项成本之和为主要依据，并在此基础上加上一定的利润、利息、应缴纳的税金和土地增值收益等来确定土地价值的评估方法。它适用于新开发区域、土地市场尚不成熟或可比交易实例较少地区的土地价值评估。当评估对象的成本构成比较接近市场价值，且其土地的取得方式、开发方式和利用方式均与周边情况相似时，采用成本逼近法所得出的评估结果具有较高的准确性。

成本逼近法应用公式如下：

$$P = E_a + E_d + T + R_1 + R_2 + R_3 \tag{6-27}$$

式中，P 为资源价值；E_a 为资源取得费；E_d 为资源开发费；T 为税费；R_1 为资源开发利息；R_2 为资源开发利润；R_3 为资源增值收益。以上各项单位均为元。

采用成本逼近法时评估土地资源价值的步骤如下。

(1) 确定资源取得费。资源取得费是指为获取土地资源而客观发生的费用，如土地购置费、补偿费等。

(2) 确定资源开发费。资源开发费是为使资源达到一定的生产利用条件而投入的各种费用，如土地平整、基础设施建设等费用。

(3) 确定各项税费。依据农村土地资源的产权属性和流转管理体制，在取得待开发土地资源和进行土地资源开发过程中，土地使用者应按照国家和地方的有关规定支付与土地使用有关的税费。

(4) 确定资源开发利息。在土地开发投资较大且开发周期较长的情况下，需要考虑资金的时间价值。对于从获取土地到开发完成整个过程中发生的使用权取得费和开发费，应按照投资经历的时间和评估基准日中国人民银行公布的贷款利率，以复利方式计算利息。通常把基于总面积、开发程度、开发难度和投资结构等因素确定的土地资源开发周期作为计息期间。

(5) 确定资源开发利润。开发利润是根据土地资源所处地区的经济环境、土地利用类型（行业特点）和开发周期等因素确定的合理利润率下，土地资源开发投资应得的回报。

(6) 确定资源增值收益。资源增值收益是指因对待估土地资源追加投资并进行开发整理，使土地生产力得到提高，引起土地资源增值而带来的收益。土地资源增值收益率根据开发区域的经济环境、土地利用类型（行业特点）等方面确定。

(7) 计算资源价值。利用成本逼近法的公式计算资源价值。

(8) 年期修正。由于农村土地所有权通常是无限年期产权，因此在核算土地资源价值时，不用进行使用年期修正。但各类土地使用权均有年期限制，因而需要对土地资源价值进行使用年期修正。若以有限年期的土地资源市场价格与成本价格之间的差额来核算土地资源增值收益，且该增值收益符合地价内涵中关于年期一致性的要求，则说明使用年期修正已在增值收益中体现，此时土地资源价格无须另行修正。若以无限年期的市场价格与成本价格之间的差额来核算土地资源增值收益，则需要进行使用年期修正。修正公式如下：

$$P_T = P_0 \times K_y \quad (6-28)$$

式中，P_T 为经过使用年期修正的土地资源价值（元）；P_0 为修正前的土地资源价值（元）；K_y 为使用年期修正系数。使用年期修正系数的计算公式如下：

$$K_y = 1 - \left(\frac{1}{1+r}\right)^n \quad (6-29)$$

式中，K_y 为使用年期修正系数；r 为资源还原利率（%）；n 为资源使用年期（a）。

(9) 区位修正。不同地区的土地资源在用途及生产经营方式上存在一定的差异，若土地资源价值受区位因素作用影响而产生偏差，则需要对土地资源价值进行区位修正。

4) 剩余法

剩余法是从土地资源剩余价值的角度，将某地块开发完成后预计达到的正常市场交易价格，减去预计正常开发投入的各种费用及其利润、利息、应缴纳的税金和资源增值收益等，得到的土地资源价格余额，作为土地资源价值。剩余法适用于待开发土地的价值评估，或符合条件的待开发其他自然资源价值评估。

剩余法应用公式如下：

$$P = P_a - P_b - P_c \quad (6-30)$$

式中，P 为待估资源的价值；P_a 为总开发价值或开发完成后的资源总价格；P_b 为整个开发项目的开发成本；P_c 为开发者合理利润。以上各项单位均为元。

采用剩余法进行土地资源价值评估时，要点如下。

(1) 对于土地资源开发完成后预计的正常市场交易价格，可借助市场比较法和收益还原法进行核算。核算过程中需考虑待估土地资源在土地用途管制前提下的最佳利用方式，以及该类型土地资源在典型村所处地区的市场现状及未来变化趋势。如果典型村所处地区或周边地区的该类型土地资源市场发育较为成熟，可在该市场条件下采用市场比较法核算其价格。另外，结合该类型土地资源开发完成后可能采用的自营、租赁或入股等方式，也可以在正常市场条件下采用收益还原法来核算典型村该类型土地资源的价值。

（2）考虑到土地资源价值核算的时效性，以及土地开发投资规模较大、周期较长的特点，同时考虑到资金的时间价值，需要通过相应参数对预计开发完成的土地资源的开发周期和投资进度进行修正，以获得更准确的评估结果。

（3）土地资源开发成本包括从项目立项至地块达到最佳使用条件期间发生的可行性研究与设计费用、项目建设投入成本及相关税费和利息等。

（4）土地资源开发项目的正常利润率通常在5%到10%之间。具体来说，通过招标方式选择企业实施土地一级开发时，利润率一般不高于预计成本的10%。此外，在某些情况下，利润率可能会更低，如不超过预计成本的8%。土地资源开发项目的利润率受到多种因素的影响，包括项目类型、地理位置、市场需求、政策环境等。

5）基准地价系数修正法

基准地价系数修正法是一种以典型村宗地（地块）为基本评估单元的微观评估方法。该方法通常以基准地价、标定地价、监测地价等相对成熟且具有客观表征性的地价体系为基础，借助批量评估模型，对主要区位因素及容积率、期日等个别因素进行修正，从而测算各宗地地价水平。在资料完备的条件下，可采用多元回归分析等批量评估模型，并结合信息化技术核算地块价格。

基准地价系数修正法适用于地价体系成果完备、规范且现势性强，各类地价影响因素资料齐全，以及各宗地基础特征信息完整的地区。基于兼顾评估精度与工作效率的原则，批量评估模型中涉及的地价影响因素数量不宜过多，且应具有以下特征：对地价影响度较高、分布差异显著、因素指标获取方式便捷。常见的地价影响因素包括容积率、距重要设施的通达距离等。同时，具备较高精度的宗地信息矢量数据库和地价影响因素指标数据，是实现自动批量评估宗地价格、准确匹配宗地实物量与宗地单价，进而完成逐宗地单元评估资源价值量的关键。

基于基准地价系数修正法的评估公式如下：

$$A_w = \sum_{j}^{n} P_i \times S_i \tag{6-31}$$

式中，A_w为典型村各宗地资源价值总量（元）；P_i为第i宗资源的价格（元/hm²）；S_i为第i宗资源的面积（hm²）。P_i可以依据典型村所在地区的基准地价体系成果，参照国家规定的修正法原理、过程，利用式(6-32)求得：

$$P_i = P_{1b} \times (1 \pm \sum K_i) \times K_i + D \tag{6-32}$$

式中，P_{1b}为某一用途、某级别土地资源的基准地价（元/hm²）；$\sum K_i$为宗地地价修正系数；K_i为评估基准日、容积率、资源年期等其他修正系数；D为开发程度修正值。

除了依据基准地价体系成果外，若典型村所处地区具有完备的标定地价体系，也可以利用标定地价及其修正体系测算典型村宗地价格。

采用基准地价系数修正法对土地资源价值进行评估,步骤如下:

(1) 收集评估基准日或临近时期各典型村的地籍数据、土地资源利用变更信息,或通过实地踏勘,获取典型村各宗地(地块)的实物数量和空间位置信息。在充分掌握各村土地资源实物量的基础上,为合理进行土地资源价值评估,还需收集评估基准日或临近时期的地价体系矢量图,以及完备的地价修正体系等相关资料,以获得典型村所在地区的土地基准地价、标定地价或监测地价等地方地价成果。同时,还应收集典型村的社会经济信息、区域空间信息,以及在相同或相似市场条件下的土地资源交易样点数据。

(2) 对现行地价指标进行必要的修正,以修正后的地价水平值参与后续测算。

(3) 依据基准地价修正体系,选择资料相对完备的地价影响因素,建立批量评估模型,以确定各宗地单元的评估价格。当以标定地价或监测点的地价为基础,对同一均质区段(标定区域)内的宗地价格进行测算时,主要进行容积率、期日等个别因素的修正。

(4) 将各宗地单元的评估价格与其对应的资源实物量进行匹配,测算出宗地单元的土地资源价值量。在此基础上,逐宗地汇总,形成评估范围内的土地资源价值总量。

6) 参照替代法

参照替代法仅适用于无可直接取用地价指标的情况,主要用于局部、零星地区或个别地类的地价水平推定。在具体评估工作中,该方法仅作为其他方法的补充。

(1) 地价体系未覆盖区域的价值量评估。依据区位特征与替代原则,选择资源质量等别一致、空间毗邻、社会经济发展水平相近且地价体系完整(或具备适用地价指标)的空间区域作为可参照单元。可以直接使用参照单元的地价水平值,或选取若干核心影响因素(如距末级地边界的距离、资源取得成本差异、GDP 等相关经济指标差异、同类用地市场交易价格差异等),计算修正系数,并对参照单元的地价指标进行修正后使用。修正后的地价水平值不应低于法律政策规定的最低限价标准或相关资源权利的客观取得成本。

(2) 地价体系未覆盖地类的价值量评估。查询典型村所在地区的地价管理政策,当有政策明确约定该类用地的价格参照标准时,可根据其思路确定可参照的地类。基于典型村的区位特征和贡献原则,位于村内的各类公共管理与公共服务用地,可参照所在区域的各类经营性用地地价的平均水平。

在特殊用地中,当具体地类不适用于前述两种情况时,可依据其实际利用方式,经合理性分析后,参照所在村内相应地类的价格确定其价值。通常以工业用地等价格相对较低的地类作为参照。对于储备资源或空闲资源,若其近期规划用途尚不明确,或存在较高的规划实施风险,宜遵循谨慎原则,以土地资源客观成本价格计价,或参照工业用地等价格相对较低的地类进行估价。

对于农用地,应根据待估典型村内农用地经营的客观收益(或产值)、农用地承包经营权流转的租金收益等资料,通过收益还原法确定地价水平。此外,在对所有权和使用权同时变更的土地资源进行价值评估时,考虑到现实中农用地补偿费过低的情况,不宜直接按照地方农村土地资源征收补偿标准核算农用地价格,可在现有的经济价值补偿基础上,通过修正财产补偿、社会保障类补偿,以及纳入农用地的生态价值等因素,合理确定农用地的价值。

2. 生态价值

1) 当量因子法

当量因子法是把自然资源构成的生态系统划分为不同的类型,并明确其相应的生态功能,在此基础上确定各类型自然资源生态系统的实物量,并结合自然资源生态当量系数(表6-2),建立可量化的评估标准,根据生态系统分布面积核算不同自然资源生态系统服务功能价值当量的方法。当量因子法适用性较强,计算过程相对简单,且评估结果便于进行横向空间比较,适用于典型村各自然资源生态系统服务价值的评估。

表 6-2 自然资源生态当量系数

生态功能	森林	草地	农田	湿地	水域	其他未利用土地
气体调节	3.50	0.80	0.50	1.80	0.00	0.00
气候调节	2.70	0.90	0.89	17.10	0.46	0.00
水源涵养	3.20	0.80	0.60	15.50	20.38	0.03
土壤形成与保护	3.90	1.95	1.46	1.71	0.01	0.02
废物处理	1.31	1.31	1.64	18.18	18.18	0.01
生物多样性保护	3.26	1.09	0.71	2.50	2.49	0.34
食物生产	0.10	0.30	1.00	0.30	0.10	0.01
提供生态材料	2.60	0.05	0.10	0.07	0.01	0.00
供给生态文化	1.28	0.04	0.01	5.55	4.34	0.01

典型村自然资源的生态系统服务功能总价值是根据各类自然资源生态系统面积和各类自然资源生态服务功能单价计算的,见式(6-33):

$$E = \sum_{i=1}^{n} \sum_{j=1}^{m} e_{ij} \times E_a \times A_j \qquad (6-33)$$

式中,E 为典型村生态系统服务总价值(元);i 为自然资源生态系统服务功能类型;j 为自然资源生态系统类型;e_{ij} 为第 j 种自然资源生态系统的第 i 种生态服务功能相对于自然资源生态系统提供生态服务单价的当量因子;E_a 为单位面积自然资源生态系统提供食物生产服务功能的经济价值(元/hm^2);A_j 为第 j 类自然资源生态系统面积(hm^2)。1个生态系统服务价值当量因子的经济价值量等于当年全国平均粮食单产市场价值的1/7。E_a计算公式为:

$$E_a = \frac{1}{7} \times \sum_{i=1}^{n} \frac{m_i \times p_i \times q_i}{M} \quad (6\text{-}34)$$

式中,i为作物种类;p_i为第i种作物全国平均价格(元/t);q_i为第i种作物单产(t/hm^2);m_i为第i种作物面积(hm^2);M为n种作物总面积(hm^2);1/7指在没有人力投入的条件下,自然生态系统提供的经济价值为现有单位面积土地提供的食物生产服务经济价值的1/7。

12个典型村中耕地主要种植作物为水稻,其平均价格为2.70元/kg,通过样点粮食单产数据计算得到典型村单位面积自然资源生态系统提供食物生产服务功能的经济价值(E_a),如表6-3所示。

表6-3 12个典型村的E_a值　　　　　　　　　　　单位:万元/hm^2

村域	澄水洞村	白水村	玄素洞村	水浒城村	南门湖村	陆码头村	洪下村	畈上村	内冲村	左港村	隐水村	石门村
E_a	2.38	2.45	2.10	2.17	2.45	2.73	2.24	2.31	1.68	1.75	2.03	2.10

2)功能价值法

考虑到数据的可获得性和可使用性,遵循科学性、有效性和适用性原则,结合典型村农用地资源特点,选取涵养水源、固碳释氧、净化大气(吸收SO_2、吸收NO_x、滞尘、减噪)、土壤形成与保护、营养物质循环、生物多样性保护等正向指标,以及农膜、化肥与农药等负向指标。根据生态经济学价值评估的原则和方法,对上述8个指标的生态价值进行测算(表6-4)。森林、草原、湿地等其他具有生态功能的自然资源,亦可参照该方法进行生态价值评估。

表6-4 评价指标及方法

一级指标	二级指标	评估方法
生态正向价值	涵养水源价值	市场价值法
	固碳释氧价值	成本法
	净化大气价值	替代工程法
	土壤形成与保护价值	替代工程法
	营养物质循环价值	市场价值法
	生物多样性保护价值	系数修正法
生态负向价值	农膜负向价值	市场价值法
	化肥与农药负向价值	市场价值法

(1) 涵养水源价值。

土地水源涵养价值主要指农用地中的耕地、园地、林地、草地等具有地表覆被功能的土地,通过独特的结构与水体相互作用,发挥截留、渗透和蓄存降水等功能,从而减缓地表径流、补给地下水、调节洪峰,并通过蒸腾调控水循环。这些土地在农用地系统物质能量循环过程中改善水文地质状况,对区域水循环起着重要的生态作用。其计算公式如下:

$$K_1 = SLP_1(1-N) \times 10^{-1} \tag{6-35}$$

式中,K_1 为涵养水源价值(元/a);S 为农用地面积(hm^2);L 为平均降水量(mm/a);P_1 为典型村人口的用水费用(元/m^3);N 为蒸腾率,取值84%。

(2) 固碳释氧价值。

固碳释氧价值主要指农作物等地表植被通过生物循环吸收 CH_4、CO_2 等温室气体,并通过光合作用释放 O_2,从而调节气体平衡所产生的价值。衡量农用地的固碳释氧价值,需要先估算该地块的第一净生产力,然后利用光合作用和呼吸作用方程式计算。计算公式如下:

$$K_2 = K_{CO_2} + K_{O_2} \tag{6-36}$$

$$K_{CO_2} = P_i TMC_1 \tag{6-37}$$

$$K_{O_2} = P_i VC_2 \tag{6-38}$$

$$P_i = SP \tag{6-39}$$

式中,K_2 为固碳释氧价值(元/a);K_{CO_2} 为固碳值(元);K_{O_2} 为释氧值;P_i 为典型村区内农用地的第一净生产力(t/a);T 为1.00g植物干物质中的 CO_2 质量折算系数,取值1.62;M 为 CO_2 折算成碳的总系数,为3/11;C_1 为碳释放的成本,为638.65元/t;C_2 为释氧的总收费单价(按照企业制氧成本400元/t估算);V 为1.00g植物干物质释放的 O_2 质量折算系数,取值1.20;S 为农用地面积(hm^2);P 为农用地单位面积第一净生产力[t/($hm^2 \cdot a$)],取值4.829。

(3) 净化大气价值。

农用地的净化大气价值主要体现在种植于其上的农作物在生长发育期间能够吸附空气中 SO_2、HF、NO_x、粉尘等有害物质。这种净化功能的效果取决于农作物的抗性范围。当难以获取典型村内地表农作物对污染物净化程度的具体数值时,可以采用替代工程法来估算农用地对空气中有害物质的吸收量。净化大气价值计算公式如下:

$$K_3 = S(U_1 C_3 + U_2 C_4 + U_3 C_5 + U_4 C_6) \tag{6-40}$$

式中,K_3 为净化大气价值(元/a);S 为土地面积(hm^2);U_1 为吸收 SO_2 的总量[kg/($hm^2 \cdot a$)],取值45;C_3 为 SO_2 的治理费用(元/kg),取值3;U_2 为吸收 HF 的量[kg/($hm^2 \cdot a$)],取值0.38;C_4 为 HF 的治理费用(元/kg),取值0.60;U_3 为吸收 NO_x 的量[kg/($hm^2 \cdot a$)],取值33.8;C_5 为 NO_x 的治理费用(元/kg),取值160;U_4 为滞尘

总量[kg/(hm²·a)],取值 0.95;C_6 为粉尘的治理费用(元/kg),取值 0.17。

(4) 土壤形成与保护价值。

土壤形成与保护价值可分为直接价值和间接价值。直接价值主要指土壤在维持表土稳定、防止泥沙淤积等方面发挥的作用;间接价值则是指通过防止土地侵蚀所带来的生态与环境效益。可以通过土壤流失模型计算潜在的和实际的土壤侵蚀量,并采用市场价值法、机会成本法和影子工程法评估土壤形成与保护价值,见式(6-41)~式(6-43):

$$K_4 = K_d + K_i \tag{6-41}$$

$$K_d = \frac{Su}{xz} \times V_l \tag{6-42}$$

$$K_i = vkd \tag{6-43}$$

式中,K_4 为土壤形成与保护价值(元/a);K_d 为直接价值(元/a);K_i 为间接价值(元/a);S 为土地面积(hm²);u 为土地侵蚀模数[t/(hm²·a)],取值 0.21;x 为土壤的平均密度(g/cm³),取值 1.3;z 为表土的平均厚度(m),取值 0.5;V_l 为农用地资源减少的经济价值损失(万元/hm²),取值 12.15;v 为土地侵蚀量(t/a);k 为淤积比例(本次评估仅考虑水库、江河、湖泊的淤积比例,取值 24%);d 为国内水库工程费用(元/t),取值 6.110 7。

(5) 营养物质循环价值。

一般自然资源生态系统的营养物质循环的关键在于生物库和土壤库之间的物质循环。土地生态系统的营养物质循环价值,主要通过运用市场价值法,计算氮(N)、磷(P)、钾(K)营养元素价值而获得,见式(6-44)~式(6-46):

$$K_5 = K_{bp} + K_{sp} \tag{6-44}$$

$$K_{bp} = \sum_1^m \mathrm{NPP}_j (C_{Nj} P_N + C_{Pj} P_P + C_{Kj} P_K) \tag{6-45}$$

$$K_{sp} = \sum_1^m M_j (S_{Nj} P_N f_N + S_{Pj} P_P f_P + S_{Kj} P_K f_K) \tag{6-46}$$

式中,K_5 为营养物质循环价值(元/a);K_{bp} 为生物库中营养物质循环的价值(元/a);K_{sp} 为土壤库中营养物质循环的价值(元/a);m 为营养物质数量;NPP$_j$ 为单位面积第一净生产力(t/a);C_{Nj}、C_{Pj}、C_{Kj} 为第 j 类农产品生物库中含氮、磷、钾的百分比,分别取值 3.09%、0.74% 和 3.28%;P_N、P_P、P_K 为分别对应于氮、磷、钾的市场价格(元/kg);M_j 为第 j 类农产品土壤库总量(kg/a);S_{Nj}、S_{Pj}、S_{Kj} 为第 j 类农产品土壤库中含氮、磷、钾的百分比,分别取值 0.09%、0.08% 和 2.10%;f_N、f_P、f_K 为依次为氮、磷、钾在土壤中的周转率,分别取值 0.08、0.01 和 0.01。

(6) 生物多样性保护价值。

土地资源生态系统是自然资源生态系统的重要组成部分,作为开放耗散性生态系统,其演化离不开与其他子系统和外围环境的物质能量交换。土地资源生态系统在其不断演化过程中为生物繁衍栖息提供保障。本次评估主要针对农用地中的耕地和园地,根据典型村所在区域农业平均粮食单产,运用市场价值法计算生物多样性保护价值,见式(6-47)~式(6-48):

$$\gamma = \frac{b}{B} \quad (6-47)$$

$$K_6 = S\gamma v \quad (6-48)$$

式中,γ 为生物多样性保护价值地区修正系数;b 为典型村所在区域耕地及园地单位面积产量[kg/(hm²·a)];B 为全国平均耕地及园地单位面积产量[kg/(hm²·a)];K_6 为经过地区修正的生物多样性保护价值(元/a);S 为耕地及园地面积(hm²);v 为耕地及园地生态价值基准单价[元/(hm²·a)]。

(7) 农膜负向价值。

通过实地踏勘可知,各典型村农业大棚中使用的塑料薄膜难以降解,长时间存在于土壤中,会对土壤产生污染,进而阻碍植物生长。此外,对于过量堆积的塑料薄膜,一些村庄往往采取焚烧方式处理,由此产生大量有害气体,对空气造成污染。由于各村缺少对环境污染完整和实时的监测,相关危害数据资料不足,故本次评估通过计算残留农膜带来的农作物减产损失来衡量农膜负向价值,见式(6-49):

$$K_7 = JCKrp \quad (6-49)$$

式中,K_7 为农膜负向价值(元/a);J 为农膜总覆盖面积(hm²);C 为农膜残留比例(%);K 为单位面积粮食产量[kg/(hm²·a)];r 为粮食损失率,采用地区平均值10%;p 为粮食价格(元/kg),以典型村所处地区粮食平均价格为标准。

(8) 化肥与农药负向价值。

通过现场踏勘得知,典型村的化肥平均利用率为35%~50%,不合理与过度使用化肥现象依然存在。每年有大量养分流入水体或残留于土壤中,难以被农作物吸收,可能造成江河湖及地下水源的污染,并引发农业生产障碍,同时,人或牲畜食用大量含有硝酸盐的农作物后会受到毒害。同样地,典型村在农药使用方面也存在过量施用及使用方式不当等问题。残留农药通过不同途径挥发到空气中、渗透到土壤中或流入河道,容易造成严重的大气、土壤及水体的污染。本次评估采用市场价值法,以化肥与农药的损失价值来衡量化肥与农药负向价值,见式(6-50):

$$K_8 = MP(1-\varphi) \quad (6-50)$$

式中,K_8 为化肥与农药负向价值(元/a);M 为化肥或农药的用量(kg/a);P 为化肥与农药价格(元/kg);φ 为化肥或农药的利用率(%)。

6.3.2 森林资源价值

1. 经济价值

森林资源经济价值的评估方法有市场法、收益法和重置成本法三大类。其中,市场法又分为剩余价值法和市场成交价比较法；收益法又分为收益现值法、收获现值法、年金资本化法、周期收益资本化法。

1) 市场法

（1）剩余价值法。采用剩余价值法进行评估，即以待估森林资源的林木预计皆伐后所得木材的正常市场销售总收入（或经修正后的市场收入）为基础，扣除预计的正常开发投入的各种费用及其利润，得到的余额即为森林资源经济价值。不过，若森林培育与木材生产由同一经营主体承担，可以结合评估目的合理判断是否应扣减木材生产经营利润。森林资源经济价值的计算公式如下：

$$E = W - C - F \qquad (6-51)$$

式中，E 为森林资源经济价值；W 为林木销售总收入；C 为木材生产经营成本；F 为木材生产经营利润。以上各项单位均为元。

（2）市场成交价比较法。采用市场成交价比较法进行评估，即按照自然资源价值评估原则中的替代原则，在森林资源市场交易比较活跃的典型村，将与待估森林资源评估基准日相近、特征相似的交易案例作为可比实例，并采用适当方法对这些案例的成交价格进行修正，最终估算出待估森林资源的经济价值。

可比实例应满足以下条件：与待估对象处于同一地区（首选），或处于邻近地区、类似地区（次选）；用途相同；价格类型相同或具有可比性；成交期日与评估基准日接近；为正常交易实例或可调整为正常交易的实例；应至少选择 3 个可比实例。

参照土地资源市场比较法相关系数修正方法，并采用算术平均法、几何平均法、中位数法或众数法综合计算得出森林资源价值，计算公式如下：

$$E = \frac{X}{N} \sum_{i=1}^{N} K_i \times K_{bi} \times G_i \qquad (6-52)$$

式中，E 为森林资源经济价值（元）；X 为待估森林资源实物量（m³）；K_i 为第 i 个可比实例的林分质量综合调整系数；K_{bi} 为第 i 个可比实例的物价调整系数；G_i 为第 i 个可比实例的市场交易价格（元/m³）；N 为可比实例的个数。

2) 收益法

（1）收益现值法。采用收益现值法进行评估，即把林木和林地看作整体，通过收集市场资料和森林（主要是指经济林和竹林）的经营成本及收益数据，预测未来各年的正常净收益，并结合评估基准日的投资收益率，折现计算森林资源经济价值。由此可知，需要获取森林资源在正常市场或生产条件下的客观年净收益，并通过折现累加得出其经济价值，计算公式如下：

$$E = \sum_{i=n}^{u} \frac{A_i}{(1+P)^{i-n+1}} \qquad (6-53)$$

式中，E 为森林资源经济价值（元）；A_i 为第 i 年的净收益（元）；u 为经营周期（a）；P 为投资收益率（%）；n 为林分年龄（a）。

（2）收获现值法。采用收获现值法进行评估，即通过成本收益资料，在评估基准日的投资收益率条件下,预测待估林木在主伐时的净收益折现值,用它减去评估基准日后到主伐期间所支出的生产成本折现值,将其差额作为待估森林资源经济价值。计算公式如下:

$$E = K \times \frac{A_u + A_a(1+P)^{u-a} + A_b(1+P)^{u-b}}{(1+P)^{u-n+1}} - \sum_{i=n}^{u-1} \frac{C_i}{(1+P)^{i-n+1}} \quad (6-54)$$

式中,E 为森林资源经济价值(元);K 为林分质量综合调整系数;A_u 为参照林分 u 年主伐时的净收益(元);A_a、A_b 为参照林分第 a 年与第 b 年的间伐净收益(元),$n > a, b$ 时,A_a、A_b 为 0;u 为经营周期(a);n 为林分年龄(a);C_i 为评估基准日后到主伐期间的生产成本(元);P 为投资收益率(%)。

在林业生产实践中,由于间伐成本已在间伐净收益计算中予以扣除,因此该阶段经济林的经营成本主要是按面积分摊后的年森林管护成本(V)。森林资源经济价值的计算公式可简化如下:

$$E = K \times \frac{A_u + A_a(1+P)^{u-a} + A_b(1+P)^{u-b}}{(1+P)^{u-n+1}} - \frac{V}{P}\left[1 - \frac{1}{(1+P)^{u-n+1}}\right] \quad (6-55)$$

(3) 年金资本化法。年金资本化法适用于具备永续经营条件、地租收益稳定的异龄林资源。该方法以年均纯收益作为资本投资收益,并按恰当的投资收益率求出森林资源的经济价值。计算公式如下:

$$E = \frac{A}{P} \quad (6-56)$$

式中,E 为森林资源经济价值(元);A 为年均纯收益(元);P 为投资收益率(%)。

(4) 周期收益资本化法。周期收益资本化法的适用条件与年金资本化法相似。该方法以待估森林资源的周期收益作为资本投资收益,并按恰当的投资收益率求出森林资源的经济价值。在实际评估过程中,可以依据林木经营的具体情况,把待估森林资源的经济价值分为刚择伐后的林木评估价值和择伐 m 年后的林木评估价值。

刚择伐后的森林,要经过一个经营周期才达到下一次择伐期,采用周期收益资本化法评估其林木价值时,计算公式如下:

$$E = K \times \frac{A_u}{(1+P)^u - 1} - \frac{V}{P} \quad (6-57)$$

式中,E 为刚择伐后的林木价值(元);K 为林分质量综合调整系数;A_u 为择伐的纯收益(元);V 为年森林管护成本(元);P 为投资收益率(%);u 为择伐周期(a)。

林木择伐 m 年后,随着林分生长逐渐接近下一次择伐期,林分的蓄积量再增长,林分的价值再增加,采用周期收益资本化法评估其林木价值时,计算公式如下:

$$E = K \times \frac{A_u \times (1+p)^u}{[(1+p)^u - 1] \times (1+P)^{q-n}} - \frac{V}{P} \quad (6-58)$$

式中,E 为未成熟林的林木价值(元);K 为林分质量综合调整系数;A_u 为参照林分 m 年时择伐的纯收益(元);P 为投资收益率(%);V 为年森林管护成本(元);

u 为择伐周期(a);q 为林分成熟年龄(a);n 为林分年龄(a)。

3) 重置成本法

重置成本法是指按现时的工价及生产水平重新营造一块与待估森林资源相类似的森林资源,将其所需的成本费用作为待估森林资源经济价值的方法。评估值计算公式如下:

$$E = K \times \sum_{i=1}^{n} C_i \times (1+P)^{n-i+1} \qquad (6\text{-}59)$$

式中,E 为评估值(元);K 为林分质量综合调整系数;C_i 为第 i 年的以现时工价及生产水平为标准的生产成本(元);n 为林分年龄(a);P 为投资收益率(%)。

2. 生态价值

对森林资源的生态价值进行评估,可采用当量因子法或功能价值法。森林资源生态价值的核算应以产权明晰为基础。目前,12个典型村已通过颁发林权证,盘活了森林生态资产,特色森林生态产品的价值不断实现。具体路径包括:成立森林公园,发展森林旅游,推进森林体验与康养活动,开发生态教育项目,提供游憩休闲等服务产品;同时,结合地域历史与民族风俗进行生态文化产业开发,挖掘森林生态价值。森林资源生态价值的体现形式不仅包括文化、旅游、农业、康养、健身等森林生态产品,也包括涵养水源、净化水质、固碳释氧、净化大气、降噪、释放负离子、保育土壤及生物多样性保护等生态功能所产生的价值。应在评估森林资源实物量的基础上,分项核算森林资源生态产品和8项生态功能的价值,最后核定森林资源生态价值总量。

1) 涵养水源价值

森林涵养水源功能的评估指标为调节水量,其计算方法主要有以下两种:一是采用地下径流增长法计算;二是依据各类型森林的平均蓄水能力计算。

(1) 采用地下径流增长法计算。公式如下:

$$C = \sum_{i=1}^{n} (A_i \times P_i \times K \times Q_i) \qquad (6\text{-}60)$$

式中,C 为森林生态系统的调节水量(m³/a);A_i 为第 i 种林分的面积(hm²);P_i 为典型村平均降水量(mm/a);K 为不同区域的侵蚀性降水比例(北方0.4,南方0.6);Q_i 为与无林地相比减少径流的效益系数。

(2) 依据各类型森林的平均蓄水能力计算。公式如下:

$$C = \sum_{i=1}^{n} (A_i \times Q_i) \qquad (6\text{-}61)$$

式中,C 为森林生态系统的调节水量(m³/a);A_i 为第 i 种林分的面积(hm²);Q_i 为第 i 种类型森林的蓄水能力[m³/(hm²·a)],其中,针叶林的蓄水能力为 1 447.1 m³/(hm²·a),阔叶林的蓄水能力为 1 773.7 m³/(hm²·a),混交林的蓄水能力取两者的均值。

除了以上两种方法,也可以利用式(6-62)计算:
$$C = 10A \times (W - P - Q) \tag{6-62}$$

式中,C 为森林生态系统的调节水量(m^3/a);A 为林分面积(hm^2);W 为平均降水量(mm/a);P 为林分平均蒸散量(mm/a);Q 为地表径流量(mm/a)。根据气象资料可知,典型村年均降水量为 1200mm。林分平均蒸散量:阔叶林为 700mm/a,针阔混交林为 500mm/a,针叶林为 300mm/a。地表径流量为平均降水量的 20%。

将森林生态系统的调节水量与用水费用相乘,即可得出涵养水源价值。

2) 净化水质价值

森林可以净化水质,这主要是由以下几个因素决定的:首先,树木可以分泌出一种物质,对改善水的质量有显著作用。其次,森林也起到调节水库温度的作用,周围有森林环绕的水库,其水温要明显低于无森林环绕的水库。水温升高就会引起"热污染",滋生细菌,引发各种化学反应,使水体的颜色、气味等方面发生改变。同时,森林中植被繁茂,形成了地上、地表、地下的多层结构。当水流穿过森林时,植被和土壤就像一道道天然滤网,逐步吸附杂质、拦截有害物质,最终将水体净化。

森林净化水质价值可按式(6-63)计算:
$$M = 10A \times (W - P - Q) \times K \tag{6-63}$$

式中,M 为森林净化水质价值(元/a);A 为林分面积(hm^2);W 为平均降水量(mm/a);P 为林分平均蒸散量(mm/a);Q 为地表径流量(mm/a);K 为水的净化费用(元/m^3)。其中,咸宁降水量取多年平均值 1 577.40mm/a,林分平均蒸散量为 546mm/a,地表径流量为 637.50mm/a,水的净化费用按照社会公共参考数据 2.09 元/m^3 计算。

3) 固碳释氧价值

(1) 固碳。一般根据植物光合呼吸作用、凋谢落物层的呼吸作用、土壤释放 CO_2 的作用来计算森林生态系统对 CO_2 的固定量。森林固碳价值计算公式如下:
$$Q_{固碳} = \sum_{i=1}^{n} A_i \times M \times (1.63 N \times P_i + B) \tag{6-64}$$

式中,$Q_{固碳}$ 为森林固碳价值(元/a);A_i 为第 i 种林分的面积(hm^2);M 为固碳价格(元/t);N 为 CO_2 中碳的含量,取值 27.2%;P_i 为第 i 种林分净生产力[t/($hm^2 \cdot a$)];B 为土壤固碳量[t/($hm^2 \cdot a$)]。

固碳价格按 638.65 元/t 计。林分净生产力(net primary productivity,NPP)的数值可通过模型法和实测法获得。依据模型法,阔叶林 NPP 为 8.98t/($hm^2 \cdot a$),针叶林 NPP 为 5.84t/($hm^2 \cdot a$),混交林 NPP 为 5.70t/($hm^2 \cdot a$);依据实测法,阔叶林 NPP 为 10.81t/($hm^2 \cdot a$),针叶林 NPP 为 6.06t/($hm^2 \cdot a$),混交林 NPP 为 8.51t/($hm^2 \cdot a$)。取两者均值,阔叶林 NPP 为 9.90t/($hm^2 \cdot a$),针叶林 NPP 为 5.95

t/(hm²·a),混交林 NPP 为 7.11t/(hm²·a)。主要类型森林单位面积土壤固碳量为 0.656~1.647t/(hm²·a)。不同类型森林土壤固碳量大小排序为:阔叶树＞马尾松＞湿地松＞针阔混交林＞针叶林＞杉木＞竹林。按此为固碳量取值:阔叶林为 1.6t/(hm²·a),针阔混交林为 1.3t/(hm²·a),针叶林为 1.0t/(hm²·a)。

(2) 释氧。森林释氧价值计算公式如下:

$$Q_{氧}=1.19\times M\sum A_i\times P_i \tag{6-65}$$

式中,$Q_{氧}$ 为森林释氧价值(元/a);A_i 为第 i 种林分的面积(hm²);M 为氧气价格(元/t),按 400 元/t 计;P_i 为第 i 种林分的净生产力[t/(hm²·a)]。

4) 净化大气价值

(1) 滞尘价值。森林对于粉尘这一重要大气污染物,具有强大的阻拦、过滤和吸收作用。典型村的森林树木多为阔叶林和针阔混交林,且群落较为完整,故其树木大多形体高大且枝叶茂盛,能有效降低风速,从而使大颗粒的灰尘在重力作用下降落到地面。另外,叶片表面由于粗糙且多具绵状毛、油脂和黏性物质等,可以吸附一部分灰尘,起到降低空气中粉尘含量的作用。森林滞尘价值采用下式计算:

$$U_{滞尘}=K_{滞尘}\times Q_{滞尘}\times A \tag{6-66}$$

式中,$U_{滞尘}$ 为森林滞尘价值(元/a);$K_{滞尘}$ 为粉尘治理费用(元/kg);$Q_{滞尘}$ 为单位面积林分年滞尘量[kg/(hm²·a)];A 为林分面积(hm²)。依据《中国生物多样性国情研究报告》中的数据,阔叶林区滞尘量为 10 110kg/(hm²·a),针叶林区滞尘量为 32 200kg/(hm²·a)。由于参数的局限,针阔混交林的滞尘量取阔叶林和针叶林各自滞尘量的平均值。粉尘的治理费用为 0.17 元/kg。

(2) 吸收二氧化硫价值。森林生态系统可通过对空气中有毒气体和放射性物质的吸收、降解、积累和迁移,达到净化大气的作用。森林吸收二氧化硫价值采用下式计算:

$$U_{二氧化硫}=K_{二氧化硫}\times Q\times A \tag{6-67}$$

式中,$U_{二氧化硫}$ 为森林吸收二氧化硫价值(元/a);$K_{二氧化硫}$ 为二氧化硫治理费用(元/kg);Q 为年吸收二氧化硫量[kg/(hm²·a)];A 为林分面积(hm²)。依据《中国生物多样性国情研究报告》中的相关数据,阔叶林二氧化硫吸收量为 88.65kg/(hm²·a),针叶林二氧化硫吸收量为 215.6kg/(hm²·a)。由于参数的局限,针阔混交林的二氧化硫吸收量取阔叶林和针叶林各自二氧化硫吸收量的平均值。二氧化硫的治理费用为 0.6 元/kg。

5) 降噪价值

声波传至树冠后,被浓密的枝叶不定向反射或吸收,这使得森林具有了降噪功能。其降噪原理体现在 3 个方面:一是反射,当噪声声波穿过森林时,受到森林植被的阻挡,噪声会向四周无规则反射;二是吸收,叶片的气孔和绒毛可以吸收一部分噪声,从而降低噪声强度;三是干扰,噪声波在传播过程中,能引起树叶的微振,引发能量转换,声能转化为动能,同样起到减弱噪声的作用。

森林降噪价值可采用以下公式计算:

$$U_{噪声} = K \times A \tag{6-68}$$

式中,$U_{噪声}$ 为森林降噪价值(元/a);K 为降噪费用[元/(km·a)];A 为森林面积折合成隔音墙的长度(km)。其中,降噪费用为 4000 元/(km·a)。

6) 释放负离子价值

森林生态系统的释放负离子价值可采用下式计算:

$$U = 5.256 \times 10^{15} \times A \times H \times K \times \frac{Q-600}{L} \tag{6-69}$$

式中,U 为森林释放负离子价值(元/a);A 为林分面积(hm²);H 为林分高度(m);K 为负离子生产费用(元/个);Q 为林分负离子浓度(个/cm³);L 为负离子寿命(min)。取值:K 为 $1.024\,2 \times 10^{-14}$ 元/个,H 为 12.50m,Q 为 880 个/cm³,L 为 10min。

7) 保育土壤价值

森林生态系统对土壤的影响,主要体现在森林具有固定土壤,防治土地沙化、水蚀和风蚀等方面的作用。森林凭借其庞大的树冠、凋落物层以及地下深层的根系,不仅能够截留天然降水,还可以减少强降雨对土壤的直接冲击,从而对土壤起到有效保护作用。此外,森林生态系统还具有改良土壤和保护土壤肥力的功能,这是因为森林能增加土壤有机质含量、提高土壤孔隙度,增强土壤的渗透和吸附能力,进而提高土壤中氮(N)、磷(P)、钾(K)含量以及各种微量元素的含量。

(1) 固定土壤。森林生态系统的固土价值可按下式计算:

$$G = A_i \times P \times \frac{M - N_i}{r} \tag{6-70}$$

式中,G 为森林固土价值(元/a);A_i 为各林分面积(hm²);P 为挖掘运输单位体积土方所需的费用(元/m³);M 为无林地土壤侵蚀模数[t/(hm²·a)];N_i 为各林地土壤侵蚀模数[t/(hm²·a)];r 为土壤容重(t/m³)。取值如下:P 为 6.30 元/m³;M 为 40.14t/(hm²·a);针叶林土壤侵蚀模数为 1.33t/(hm²·a),阔叶林土壤侵蚀模数为 1.46t/(hm²·a),针阔混交林土壤侵蚀模数为 1.40t/hm²;土壤容重为 1.50t/m³。

(2) 保护土壤肥力。森林生态系统的保肥价值根据下式计算:

$$U = A(X_2 - X_1)\left(\frac{NC_1}{R_1} + \frac{PC_1}{R_2} + \frac{KC_2}{R_3} + MC_3\right) \tag{6-71}$$

式中,U 为森林保肥价值(元/a);A 为林分面积(hm²);X_1 为林地土壤侵蚀模数[t/(hm²·a)];X_2 为无林地土壤侵蚀模数[t/(hm²·a)];N 为林分土壤平均含氮量(%);P 为林分土壤平均含磷量(%);K 为林分土壤平均含钾量(%);R_1 为磷酸二铵化肥含氮量(%);R_2 为磷酸二铵化肥含磷量(%);R_3 为氯化钾化肥含钾量(%);C_1 为磷酸二铵化肥价格(元/t);C_2 为氯化钾化肥价格(元/t);C_3 为有机质肥价格(元/t);M 为林分土壤有机质含量(%)。林分土壤中氮、磷、钾含量见表6-5。查询2023年咸宁市化肥相关数据,取值如下:R_1 为18.00%,R_2 为46.00%,R_3 为62.0%;C_1 为3900元/t,C_2 为3520元/t,C_3 为850元/t。

表6-5 不同类型森林土壤中的营养元素含量

营养元素类型	针叶林(%)	阔叶林(%)	针阔混交林(%)
氮	0.420	0.826	0.456
磷	0.075	0.035	0.032
钾	0.213	0.633	0.221

8) 生物多样性保护价值

生物多样性保护的概念有广义与狭义之分,广义的概念包括遗传多样性、物种多样性、生态系统多样性及景观多样性,而狭义的生物多样性主要指物种多样性。

通过对12个典型村森林保护野生动物的数量和种类进行实地探勘,采用Shannon-Weinner指数法计算森林生态系统在生物多样性保护上的价值,计算公式如下:

$$U = S \times A \tag{6-72}$$

式中,U 为森林生物多样性保护价值(元/a);S 为单位面积年物种损失的机会成本[元/(hm²·a)];A 为林分面积(hm²)。

S 是用于衡量物种保护价值的参数,它是根据生物多样性指标来进行划分的。按照Shannon-Wiener指数将S分为6个等级:当指数<1时,S为500元/(hm²·a);当1≤指数<2时,S为1000元/(hm²·a);当2≤指数<3时,S为2000元/(hm²·a);当3≤指数<4时,S为3000元/(hm²·a);当4≤指数<5时,S为4000元/(hm²·a);当指数≥5时,S为5000元/(hm²·a)。12个典型村的Shannon-Wiener指数处于第五个等级,所以S取值为4000元/(hm²·a)。

6.3.3 草地资源价值

1. 经济价值

对草地资源的经济价值进行评估,可采用收益还原法、市场比较法、成本逼近法、剩余法、评分估价法、基准地块评估法、基准地价系数修正法或样点地价修正法。

1）收益还原法

收益还原法是通过收集市场资料和草地经营的成本收益数据,估算草地资源未来各期正常年纯收益和评估基准日市场还原利率,在此基础上计算草地资源经济价值的方法。它适用于对存在客观收益且纯收益较容易测算的草地进行价值评估。具体评估步骤如下。

（1）收集与待估草地有关的收益和成本费用等资料。

（2）测算年总收益。

年总收益是指按法定用途合理有效地利用待估草地所取得的持续而稳定的正常年收益。确定年总收益时,可根据待估草地的生产经营方式进行具体分析。

① 若待估草地采用直接经营方式,则用草产品或畜产品出售的年收入作为年总收益。在测算年总收益时,要考虑牧草生长期、牲畜生长期、牲畜出栏率等,收益和成本费用数据宜采用连续3~5年的客观平均值。估算年总收益,还应考虑相关农业补贴。

② 若待估草地采用租赁经营方式,则用草地年租金收入及保证金（或押金）的利息收入作为年总收益。草地年租金收入及保证金（或押金）的利息收入,是指草地被其产权拥有者用于出租时,每年所获得的客观租金及承租方支付的保证金或押金的利息。客观租金按照评估基准日当地正常的市场租金水平进行分析计算；保证金或押金的利息,按其数量及评估基准日中国人民银行的一年期定期存款利率进行计算。

（3）测算年总费用。

年总费用是指待估草地的使用者在进行生产经营活动时所支付的年平均客观总费用。确定年总费用时,可根据待估草地的生产经营方式进行具体分析。

① 若待估草地采用直接经营方式,则用草地维护费和生产经营草产品、畜产品的费用之和作为总费用。草地维护费一般指草地基本配套设施的年平均维护费用；生产经营草产品、畜产品的费用一般包括生产牧草产品过程中所支付的直接及间接费用,包括种苗费（或种子费、幼畜/禽费）、肥料费（或饲料费）、人工费、畜工费、机工费、农药费、材料费、水电费、农舍费（或畜/禽舍费）、农具费,以及有关的税款、利息等。对于投入所形成的固定资产,按其使用年限摊销费用。

② 若待估草地采用租赁经营方式,则将草地租赁过程中发生的年平均费用作为年总费用。它主要指在进行草地租赁过程中所支付的年平均客观总费用。

（4）计算年纯收益。

年纯收益为年总收益与年总费用之差。对于投入所形成的固定资产,需要扣除其所产生的纯收益。如果所求取的年纯收益为负值,可根据实际生产经营状况,结合盈利年份的纯收益值,综合考虑草地的客观收益。

(5) 确定草地还原利率。

草地还原利率的确定有 3 种方法。

① 市场提取法:选择与评估对象处于同一地区或邻近地区,具有相同用途的 3 宗以上近期发生交易且在交易类型上与评估对象相似的草地交易实例,并以交易实例的草地租金或纯收益与其价值的比率的均值作为草地还原利率。

② 安全利率加风险调整值法:草地还原利率＝安全利率＋风险调整值。安全利率可选用同一时期的一年期国债年利率,或银行一年期定期存款年利率;风险调整值可根据牧草业生产所遇到的灾害性天气、评估对象所处地区的社会经济发展水平和草地市场等状况来确定。

③ 投资风险与投资收益率综合排序插入法:通过比较不同类型投资的风险与收益关系,将估价对象与这些投资进行风险程度匹配,从而确定合适的草地还原利率。

(6) 选用适当的公式计算草地经济价值。

计算草地经济价值的基本公式如下:

$$P=\frac{a}{r} \tag{6-73}$$

式中,P 为草地经济价值(元);a 为草地年纯收益(元);r 为草地还原利率(%)。

有限年期草地的价值评估,需根据其使用年期进行相应修正。

若草地纯收益每年不变,草地还原利率每年不变且大于 0,则草地经济价值计算公式如下:

$$P=\frac{a}{r}\left[1-\frac{1}{(1+r)^n}\right] \tag{6-74}$$

式中,P、a、r 含义同式(6-73);n 为草地使用年期(a)。

若草地纯收益每年有变化,可按其变化规律采用相应的公式进行计算。

2) 市场比较法

市场比较法是根据替代原理,将待估草地与近期市场上已经发生交易的类似草地进行比较,并对类似草地的成交价格进行适当修正,以此估算待估草地经济价值的方法。它适用于草地市场交易比较活跃的地区。市场比较法除可直接用于评估草地的价值外,还可用于其他估价方法中有关参数的求取。

采用市场比较法对草地资源的经济价值进行评估,具体步骤如下。

(1) 收集并筛选比较交易实例。

需覆盖待估对象所在区域或邻近区域,重点收集用途、规模相似的成交案例。收集内容包括:地块位置、面积、成交时间、权利状况、交易条件、价格内涵及影响因素(如自然条件、社会经济因素等)。实例筛选标准如下:实例与待估对象用途相同(首选)或相近(次选);实例与待估对象处于同一供需圈或相邻区域,若存在显著差异需进行区域修正;实例成交期日与评估基准日间隔不超过 3 年;至少选取 3 个比较实例,以保证评估结果的可靠性。

(2) 建立价格可比基础。

统一比较口径,包括计价单位、付款方式、买卖双方税费负担比例、币种及货币单位等。

(3) 进行交易情况修正。

交易情况修正系数计算公式如下:

$$K_c = \frac{I_{cp}}{I_{cb}} \tag{6-75}$$

式中,K_c 为交易情况修正系数;I_{cp} 为待估草地情况指数;I_{cb} 为交易实例草地情况指数。

(4) 进行交易期日修正。

交易期日修正,即将交易实例在其成交期日时的价格调整为评估基准日时的价格。一般利用本地区草地价格指数确定交易期日修正系数,计算公式如下:

$$K_t = I_p - I_b \tag{6-76}$$

式中,K_t 为交易期日修正系数;I_p 为评估基准日的价格指数;I_b 为交易日期的价格指数。

估价人员可以根据当地草地价格的历史变动情况和发展趋势,依据自身经验,直接确定交易期日修正系数;或者通过分析草地价值随时间推移的变动规律,采用时间序列分析法,建立价格-时间关系模型,求取交易期日修正系数。

(5) 进行影响因素修正。

应根据草地价格的影响因素和估价对象与比较实例之间的特殊条件,确定影响因素修正体系,并分别描述估价对象与比较实例的各种影响因素状况,计算修正系数。影响因素主要有自然因素、社会经济因素和特殊因素 3 个方面。对影响因素状况的描述需要具体、明确,并尽量采用量化指标,避免采用"好""较好""一般"等形容词。

① 自然因素修正系数计算公式如下:

$$K_n = \prod_{i=1}^{n}\left(\frac{I_{oi}}{I_{bi}}\right) \tag{6-77}$$

式中,K_n 为自然因素修正系数;I_{oi} 为待估草地 i 因素的指数;I_{bi} 为交易实例 i 因素的指数;n 为影响因素个数。

② 社会经济因素修正系数计算公式如下:

$$K_e = \prod_{i=1}^{n}\left(\frac{I_{oi}}{I_{bi}}\right) \tag{6-78}$$

式中,K_e 为社会经济因素修正系数;I_{oi}、I_{bi}、n 同式(6-77)。

③ 特殊因素修正系数计算公式如下：

$$K_s = \prod_{i=1}^{n} \left(\frac{I_{oi}}{I_{bi}} \right) \tag{6-79}$$

式中，K_s 为特殊因素修正系数；I_{oi}、I_{bi}、n 同式(6-77)。

（6）进行使用年期修正。

对草地进行使用年期修正，就是将各个比较实例的不同使用年期修正到待估宗地的使用年期，以消除草地使用年期不同给价值评估带来的影响。使用年期修正系数按下式计算：

$$K_y = \frac{1 - \left(\frac{1}{1+r} \right)^m}{1 - \left(\frac{1}{1+r} \right)^n} \tag{6-80}$$

式中，K_y 为使用年期修正系数；r 为草地还原利率(%)；m 为待估草地的使用年期(a)；n 为比较实例的使用年期(a)。

（7）计算草地资源经济价值。

在完成上述各类修正后，可采用算术平均法或几何平均法、中位数法或众数法进行计算，综合得出草地资源价值，计算公式如下：

$$P = P_b \times K_c \times K_t \times K_n \times K_e \times K_s \times K_y \tag{6-81}$$

式中，P 为草地资源经济价值(元)；P_b 为交易实例价格(元)；K_c、K_t、K_n、K_e、K_s、K_y 含义同式(6-75)~式(6-80)。

3）成本逼近法

成本逼近法是以新开发草地过程中所耗费的各项客观费用之和为主要依据，再加上一定的利润、利息、应缴纳的税金和草地增值收益，并进行各种修正来确定草地价值的方法。它适用于未经开发利用或未经土地整理的草地经济价值评估。

利用成本逼近法对草地经济价值进行评估，具体步骤如下：①收集与估价有关的成本费用、利息、利润及待估草地增值收益等资料；②通过直接或间接方式求取估价对象的草地取得费、草地开发费及相关的税费、利息、利润；③确定草地增值收益；④按成本逼近法公式求取待估草地的经济价值；⑤确定已开发草地的修正因素，并进行修正；⑥确定待估草地的最终经济价值。

成本逼近法基本公式如下：

$$P = E_a + E_d + T + R_1 + R_2 + R_3 \tag{6-82}$$

式中，P 为草地经济价值(元)；E_a 为草地取得费(元)；E_d 为草地开发费(元)；T 为税费(元)；R_1 为草地开发利息(元)；R_2 为草地开发利润(元)；R_3 为草地增值收益(元)。

草地取得费是指为获得草地使用权所实际支出的费用。

草地开发费是指为使草地达到一定的利用条件而进行的各种投入的客观费用，如开垦草地、修建道路、修建围栏、补播草籽等产生的费用。

税费主要是指在获取和开发草地过程中所需缴纳的相关税项。

草地开发利息是指根据草地取得费、开发费和各项税费的总和，按照草地正常开发周期、费用投入年限及贷款年利率计算出的开发期间应付利息。草地开发期为1年以内的，利息率按单利计算；开发期超过1年的，利息率按复利计算。计息期间以草地开发周期为基础，草地开发周期根据草地开发的总面积、开发程度和开发难度等方面确定。

草地开发利润是对草地开发投资的回报，是草地的取得费用和开发费用在合理的投资回报率(利润率)下应得的经济报酬。利润率根据开发草地所处地区的经济环境、利用类型与开发周期等方面确定。

草地增值收益是指因追加投资而引起的待估草地价值的增值。草地增值收益率根据开发草地所处地区的经济环境、用途与开发程度等方面确定。

根据上述各项计算结果，利用成本逼近法的公式计算初始草地经济价值，在此基础上，对草地经济价值进行使用年期修正。若求取的是有限年期的草地经济价值，则需要判断是否进行使用年期修正。

判断是否进行使用年期修正的标准如下：①当草地增值收益是以有限年期的市场价值与成本价值的差额确定时，年期修正已在增值收益中体现，不再另行修正；②当草地增值收益是以无限年期的市场价值与成本价值的差额确定时，草地增值收益与成本价值一道进行年期修正；③当草地属于承包地、转包地等情况时，按剩余使用年期进行修正；④当评估的是草地无限年期价值时，不必进行使用年期修正。

若需要对草地经济价值进行使用年期修正，则按如下公式计算：

$$P_T = P_0 \times K_r \tag{6-83}$$

式中，P_T为年期修正后的草地经济价值(元)；P_0为年期修正前的草地经济价值(元)；K_y为使用年期修正系数。

使用年期修正系数的计算公式如下：

$$K_y = 1 - \left(\frac{1}{1+r}\right)^n \tag{6-84}$$

式中，K_y为使用年期修正系数；r为草地还原利率(%)；n为草地使用年期(a)。

除了必要的使用年期修正，当区位对于草地的经营类型影响较大时，还需要对草地经济价值进行区位修正。

4）剩余法

剩余法是在预计开发完成后草地正常交易价格的基础上，扣除预计的正常开发成本及相关专业费用、利息、利润和税收等，以余额来估算待估草地价值的方法。它适用于待开发草地的价值评估。

采用剩余法对草地价值进行评估,具体步骤如下:调查待估草地的基本情况;确定待估草地的最有效利用方式;估计开发周期和投资进度安排;估算开发完成后的草地总价值;估算开发成本和开发者合理利润;确定待估草地价值。

剩余法基本公式如下:

$$P = A - B - C \tag{6-85}$$

式中,P 为待估草地的价值(元);A 为开发完成后的草地总价值(元);B 为整个项目的开发成本(元);C 为开发者合理利润(元)。

估算开发完成后的草地价值,可根据待估草地的最有效利用方式、当地草地市场现状及未来变化趋势,采用市场比较法进行。对开发完成后拟采用出租或自营方式的草地,也可根据同一市场条件,采用收益还原法来确定其价值。

开发成本是项目开发期间所发生的一切费用的总和,主要包括开发建设投资成本、相关专业费用、投资利息和税收等。

开发者合理利润一般以草地总价值或全部预付资本的一定比例计算。利润率应参考同一市场上类似草地开发项目的平均利润率来确定。

开发周期和投资进度安排可参照类似草地开发项目确定。

5) 评分估价法

评分估价法是一种通过设定科学的评价体系和评分标准,对影响草地价值的各项因素进行量化评分,并将总得分乘以单位分值所对应的客观价值,从而估算草地价值的估价方法。它适用于成片草地的价值评估,但其应用前提是已确定草地单位分值价值。

采用评分估价法评估草地价值,具体步骤如下。

(1) 建立草地价值影响因素体系。该体系应由省级自然资源主管部门根据当地的实际情况制定。

(2) 制定草地价值影响因素评分标准。省级自然资源主管部门应根据草地价值影响因素体系制定本区域的草地评分表。对草地价值影响越大的因素,评分值越高。自然因素和社会经济因素的得分之和最高为100分。当待估草地没有特殊因素时,特殊因素的得分为0;当有特殊因素时,可根据特殊因素对草地的实际影响程度对其进行评分。

(3) 对待估草地进行评分。按照草地评分表的因素体系,逐项对待估草地的基本情况进行调查,并确定各因素的分值。

(4) 确定客观的草地单位分值价值。草地单位分值价值是指在一定区域范围和时期内将草地评分结果转化为具体价值的换算标准。县级行政区域的草地单位分值价值由省级自然资源主管部门统一确定。

对于已完成草地定级与估价的地区,草地分值价值可参考基准地价评估结果。

对于未完成草地定级与估价的地区,省级自然资源主管部门可根据本省的实际情况,采用样点地价平均法或定级指数模型法计算草地分值价值。

①样点地价平均法。按分值分组,每组选取市场交易样点或收益样点,计算组内平均草地价格,建立分值-地价回归模型。草地单位分值价值计算公式如下:

$$P_B = \alpha \times S + \beta \tag{6-86}$$

式中,P_B 为草地单位分值价值(元/分);S 为样点平均草地价格(元/分);α、β 为系数。

②定级指数模型法。通过定级指数与样点地价的统计关系建模,常用幂函数或指数函数,见式(6-87):

$$P_B = k \times S^n \tag{6-87}$$

式中,P_B 为草地单位分值价值(元/分);S 为样点平均草地价格(元/分);n、k 为系数。

(5)计算待估草地价值。

基于以上数据,对待估草地的经济价值进行计算,具体公式如下:

$$P = P_B \times A \tag{6-88}$$

式中,P 为草地经济价值(元);P_B 为草地单位分值价值(元/分);A 为待估草地分数(分)。

若求取的是有限年期的草地价值,须进行使用年期修正。

6) 基准地块评估法

基准地块评估法是指根据草地质量条件划分均质地域,并按均质地域选择若干地块作为基准地块,依据草地投入产出资料和市场交易资料评估基准地块价值,再将同一均质地域内基准地块的平均价格作为该均质地域基准地价的方法。它主要适用于对未开展草地定级且草地市场不发育的地区。

采用基准地块评估法,评估步骤如下:划分均质地域;选定基准地块;评估基准地块价值;核定基准地块价值水平;计算均质地域基准地价。

其中,划分均质地域又可分为以下6步:①确定草地价值影响因素。②采用特尔斐法、层次分析法、因素成对比较法等方法来确定影响因素权重。③划分均质地域单元,要求同一单元内,用地类型、放牧制度及草地质量具有一致性。④采用特尔斐法或因素分值定量测算法测算各单元不同影响因素的分值。⑤采用下式计算各单元影响因素的综合分值:

$$F_j = \sum_{i=1}^{n} W_i \times f_{ij} \tag{6-89}$$

式中,F_j 为 j 单元影响因素的综合分值(元);W_i 为 i 因素权重;n 为因素个数;f_{ij} 为 j 单元 i 因素分值。⑥采用总分数轴确定法、总分频率曲线法等划分均质地域。

在各均质地域内,选择具有代表性的宗地作为基准地块,每类草地基准地块数量不少于3块。具体选择过程中主要考虑下列条件:草群品质、草地产量、坡度、地表水等自然条件具有代表性;中心城镇影响程度、距市场的远近、交通条件等区位条件具有代表性;面积、形状、土壤条件具有代表性;灾害条件具有代表性。

在上述基础上,利用市场交易资料,按照市场比较法要求评估基准地块价值。具体评估过程按国家相关规程要求执行。若基准地块在近3年内发生过市场交易行为,可根据设定的基准地价内涵,通过修正获取正常市场条件下的草地价值。同时,可利用基准地块本身的投入产出资料,采用收益还原法求取基准地块的价值;也可利用草地开发资料,采用成本逼近法评估基准地块价值。基准地块价值评估原则上要采用两种以上(含两种)方法进行,以确保评估结果的准确性和可靠性。

7) 基准地价系数修正法

基准地价系数修正法是基于基准地价评估成果,通过比较待估宗地的区域条件和个别条件与其所在区域的一般条件,确定相应的修正系数,并据此对基准地价进行调整,从而测算待估宗地在特定时点下的价值。

采用基准地价系数修正法对草地价值进行评估,具体步骤如下。

(1) 收集草地基准地价资料:包括草地基准地价报告、基准地价图、草地基准地价修正体系及各种地价影响因素资料等。

(2) 确定待估草地所处级别及基准地价:根据当地草地基准地价评估报告、基准地价图和有关基准地价批文,确定待估宗地所处级别及基准地价,并说明基准地价内涵。

(3) 分析待估草地价值的影响因素,编制地价影响因素条件说明表:根据影响因素指标体系,调查并准确描述各项影响因素的具体状况。

(4) 依据影响因素条件说明表和修正系数表确定修正系数:根据各影响因素状况,按照影响因素条件说明表重点划分标准确定各因素的级别标准,并查阅修正系数表,确定修正系数。

(5) 计算草地价值影响因素修正系数之和,公式如下:

$$\sum_{i=1}^{n} K = K_1 + K_2 + K_3 + \cdots + K_n \tag{6-90}$$

式中,$\sum_{i=1}^{n} K$ 为草地价值影响因素修正系数之和;K_1、K_2……K_n 为分别为待估草地第1、2、…、n 因素的修正系数。

若待估草地的评估基准日与基准地价所对应的评估基准日不一致,则应根据草地价值的变化情况进行期日修正。当待估草地使用年期为有效年期时,需要进行使用年期修正。

(6) 采用下式计算待估草地经济价值:

$$P = P_0 \times \left(1 + \sum_{i=1}^{n} K\right) \times K_t \times K_y \times S \tag{6-91}$$

式中，P 为待估草地经济价值（元）；P_0 为草地基准地价（元/hm^2）；$\sum_{i=1}^{n} K$ 为草地价值影响因素修正系数之和；K_t 为交易期日修正系数；K_y 为使用年期修正系数；S 为待估草地面积（hm^2）。

8）样点地价修正法

样点地价修正法是一种通过调整样本地价数据以符合基准地价内涵要求的技术方法，主要用于基准地价评估和宗地价格测算。采用样点地价修正法对草地价值进行评估时，修正内容主要包括年期修正、期日修正及其他修正等，具体步骤如下。

(1) 样点地价的年期修正。

应将不同年期的样点地价资料统一修正至基准地价所设定的年期。修正后的草地样点地价按式(6-92)计算：

$$P_m = P_{m1} \times \frac{[1-\frac{1}{(1+r_d)}]^{m_0}}{[1-\frac{1}{(1+r_d)}]^{m_1}} \tag{6-92}$$

式中，P_m 为修正后的草地样点地价（元/hm^2）；m_1 为样点地价的实际年期；m_0 为基准地价设定的年期（a）；P_{m1} 为样点地价（元/hm^2）；r_d 为草地还原利率（%）。

(2) 样点地价的期日修正。

不同交易时间的样点地价，需修正到基准地价评估基准日才可用于基准地价评估。在修正过程中，可根据草地的不同用途分别进行分析，以反映其价值差异。在已建立地价指数系统的地区，可用地价指数进行修正。按式(6-93)计算：

$$K_{ij} = \frac{P_i}{P_{ij}} \tag{6-93}$$

式中，K_{ij} 为第 i 类用地第 j 期地价修正到基准地价评估基准日的系数；P_i 为第 i 类用地基准地价评估基准日草地交易平均价（或地价指数）（元/hm^2）；P_{ij} 为第 i 类用地第 j 期草地交易平均价（或地价指数）（元/hm^2）。

修正至基准地价评估基准日的宗地价值，按下式计算：

$$P_{IS} = \frac{K_{ij}}{P_{ji}} \tag{6-94}$$

式中，P_{IS} 为修正至基准地价评估基准日的宗地价值（元/hm^2）；P_{ji} 为第 j 期、第 i 类宗地的实际成交地价（元/hm^2）；K_{ij} 含义同式(6-93)。

(3) 样点地价的其他修正。

① 交易情况修正：把交易情况不正常的样点地价，修正至正常条件下的交易地价。

② 草地开发程度修正：在不同基础设施配套程度下的样点地价，可修正至基准地价评估所设定的基础设施配套程度下的地价。基准地价评估中的基础设施配套

程度,可按各级草地基础设施配套现状程度的平均水平设定。

③ 交易方式修正:是指对承包、转包、出租、拍卖、抵押、联营入股等不同交易方式进行修正。

2. 生态价值

在对草地资源生态价值进行评估时,常采用当量因子法。

6.3.4 矿产资源价值

1. 探矿权价值

适用于勘查程度较低探矿权的评估方法有基准价因素调整法、交易案例比较法、单位面积倍数法、资源价值比例法和勘查成本效用法等。

1) 基准价因素调整法

基准价因素调整法是基于替代原则的一种间接评估方法。该方法以矿业权市场基准价为基础,通过对比分析评估对象与基准价在可比因素上的差异,进行相应调整,从而估算探矿权价值。计算公式如下:

$$P = P_j \times e \times g \times q \times p \times \gamma \times \omega \tag{6-95}$$

式中,P 为探矿权价值(元);P_j 为矿业权市场基准价(元);e 为地质勘查工作程度调整系数;g 为区域成矿地质条件调整系数;q 为资源储量调整系数;p 为矿产品价值调整系数;γ 为矿体赋存开发条件调整系数;ω 为矿山建设外部条件调整系数。

2) 交易案例比较法

采用交易案例比较法对探矿权价值进行评估,即按照自然评估原则中的替代原则,选择毗邻典型村的、探矿权市场交易比较活跃的地区为可比实例,将待估探矿权与评估基准日相近时期探矿权市场上已经发生的类似交易中的探矿权进行比较,通过对正常市场条件下类似探矿权成交价格进行分析,采用适当方法进行修正后估算待估探矿权的价值。

3) 单位面积倍数法

单位面积倍数法是一种间接方法,适用于勘查空白区或者普查(原预查)阶段的探矿权价值评估。计算公式如下:

$$P = S \times P_a \tag{6-96}$$

式中,P 为探矿权价值(元);S 为勘查区面积(hm^2),P_a 为单位面积探矿权价值(元/hm^2)。

4) 资源价值比例法

资源价值比例法是通过综合分析确定单位资源量价值,并以探矿权价值占资源价值的比例间接估算探矿权价值的一种评估方法。它适用于勘查程度较低、地质信息较少的探矿权价值评估。通常要求在勘查区或其外围已开展相关地质勘查工作，预测了勘查区内的资源量，并具备影响评估对象价值的相关资料。计算公式为：

$$P = Q_d \times P_d \times C \tag{6-97}$$

式中，P 为探矿权价值（元）；Q_d 为资源量（kg）；P_d 为单位资源量价值（元/kg）；C 为探矿权价值占资源价值的比例（%）。

5）勘查成本效用法

勘查成本效用法是采用效用系数对地质勘查重置成本进行修正，从而估算探矿权价值的方法。该方法适用于仅完成基础性普查工作或找矿前景尚不明确的探矿权价值评估。计算公式如下：

$$P = C_t \times F = \left[\sum_{i=1}^{n} U_i P_i\right] \times (1+\omega) \times F \tag{6-98}$$

式中，P 为探矿权价值（元）；C_t 为重置成本（元）；U_i 为各类勘查技术方法完成的实际工作量；P_i 为各类勘查工作费用（元）；ω 为综合研究、报告编制、岩矿实验、工地建筑费用分摊系数；F 为效用系数。

2. 采矿权价值

对采矿权价值进行评估的方法有基准价因素调整法、交易案例比较调整法、收入权益法和折现现金流量法 4 种。

1）基准价因素调整法

采矿权价值计算公式为：

$$P = G \times P \times k_1 \times k_2 \times k_3 \tag{6-99}$$

式中，P 为采矿权价值（元）；G 为实物量（kg）；P 为政府公示价值或典型矿山单位价值（元/kg）；k_1 为品位调整系数；k_2 为开采方式（成本变化）调整系数；k_3 为市场需求（产品价值波动）调整系数。

2）交易案例比较调整法

采用交易案例比较法对采矿权价值进行评估，即按照自然资源价值评估中的替代原则，选择毗邻典型村、矿产资源采矿权市场交易比较活跃的地区的交易案例为可比实例，将待估采矿权与评估基准日相近时期已发生的类似采矿权交易进行比较，并在分析正常市场条件下成交价格的基础上，采用适当方法进行修正，最终估算出待估采矿权的价值。

3）收入权益法

收入权益法是一种通过收集市场资料和矿产经营的成本与收益数据，估算采矿权在未来各期的正常年纯收益和评估基准日市场还原利率，并依据相关公式计算采矿权价值的评估方法。计算公式如下：

$$P = \sum_{i}^{n}\left[SI_t \times \frac{1}{(1+i)^t}\right] \times K \tag{6-100}$$

式中，P 为采矿权价值(元)；SI_t 为年纯收益(元)；K 为采矿权权益次数；i 为评估基准日市场还原利率(%)；t 为年序号；n 为评估年限(a)。

4) 折现现金流量法

折现现金流量法是指将采矿权在未来经济寿命期内产生的净现金流量，按一定折现率折现，从而计算其价值的一种评估方法。该方法适用于以下情形：①达到详查及以上工作阶段的采矿权；②赋存稳定的沉积型大中型矿床的采矿权。具体计算时，须扣减评估年限内各年净现金流量中与矿产资源开发收益相关的合理投资报酬，再将剩余净现金流量按匹配的折现率折现至评估基准日，最终通过求和得到采矿权价值：

$$P = \sum (C_i - C_o - I_p) \times \frac{1}{(1+i)^t} \tag{6-101}$$

式中，P 为采矿权价值(元)；C_i 为年现金流入量(元)；C_o 为年现金流出量(元)；I_p 为与矿产资源开发收益相关的合理投资报酬(元)；i 为折现率(%)；t 为年序号。

6.3.5 水资源价值

水资源价值评估一般参照以下模型。

(1) 市场估价模型：以水资源在市场上的价值体现为基础，通过水资源的市场流动和配置情况来确定其价值。

(2) 影子价值模型：以水源稀缺性为前提，反映水资源在最优配置状态下的经济价值。该模型通过量化短缺程度对市场价值的影响，对水资源定价进行修正，其原理符合资源经济学中的定价理论。

(3) 治理成本法模型：该模型假设水资源系统中的污染物可以通过自净作用或人工治理完全消除，且不会造成环境破坏。它从水质角度出发，通过量化污染物治理成本来评估水资源的价值损失，形成一套完整的方法体系。

(4) 边际成本模型：通过分析增加单位水资源利用量所引发的成本变化，量化水资源经济价值的理论工具。

(5) 可计算一般均衡模型：通过水资源供求方程组的联立求解。

水资源可分为地表水资源与地下水资源两类。其中，地表水资源的价值主要体现为供给价值、调节服务价值、支持服务价值和文化服务价值4个方面。

供给价值：主要包括供水价值和物质提供价值两大部分。作为维持人类生存的不可替代性基础资源，水资源具有重要的社会经济价值。其中，供水价值根据用途可分为农业用水、工业用水、生活用水和生态用水等主要类型；物质提供价值则包括为人们提供水产品、农产品和工业产品而产生的价值。

调节服务价值：是指水生态系统通过其自然调节功能为人类提供的各项惠益。

水生态系统的调节服务主要包括固碳释氧、调蓄洪水、储水和净化环境。

支持服务价值:是指水生态系统为维持自然生态过程和区域生态环境条件所提供的服务价值,主要为生物多样性保护价值。

文化服务价值:主要指人类通过亲水活动获得的审美体验和精神享受所形成的人文价值。其中,水文化旅游价值在旅游业中占据重要地位。由于人类对水资源的天然亲近性以及对水文化的特殊情感,具有景观特色的水域往往具备突出的旅游开发潜力,成为满足人们休闲娱乐和审美需求的重要载体。

地表水资源价值的评价指标如表 6-6 所示。

表 6-6 地表水资源价值评价指标

评估价值	评价指标	评价功能量
供给价值	供水价值	农业用水量
		工业用水量
		生态用水量
		生活用水量
	物质提供价值	水产品、农产品和工业产品量
调节服务价值	固碳释氧价值	固碳量、释氧量
	调蓄洪水价值	调洪量
	储水价值	地表水资源量
	净化环境价值	排污治理费用
支持服务价值	生物多样性保护价值	水域生物多样性指数
文化服务价值	休闲娱乐价值	旅游消费量

1. 地表水资源价值

1) 供水价值

作为周边地区的重要淡水供给源,地表水域的供水价值可采用市场价值法进行核算。该方法以现行水价为基础,将不同类别的用水量作为核算指标。供水价值具体计算公式如下:

$$S_{供水} = \sum_{i=1}^{n} Q_i P_i \tag{6-102}$$

式中,$S_{供水}$ 为供水价值(元);Q_i 为第 i 种用途的用水量(m^3);P_i 为第 i 种用水的单价(元/m^3)。

2) 物质提供价值

地表水资源不仅能为人类提供水源,还能提供水产品、农产品和工业产品。对

于水域物质提供价值的核算,可采用市场价值法,计算公式如下:

$$S_{物质} = \sum_{i=1}^{n} K_i P_i \quad (6-103)$$

式中,$S_{物质}$为物质提供价值(元);K_i为第i种物质的产量(kg);P_i为第i种物质的市场价格(元/kg)。

3) 固碳释氧价值

在核算水域固碳释氧价值时,同样采用市场价值法,计算公式如下:

$$G_{碳} = C_a P_a + O_b P_b \quad (6-104)$$

式中,$G_{碳}$为固碳释氧价值(元);C_a为固碳量(kg);O_b为释氧量(kg);P_a为碳素单价(元/kg);P_b为氧气单价(元/kg)。

4) 调蓄洪水价值

水资源的调蓄洪水价值是指湖泊、水库等蓄积洪水水量、调节洪峰所形成的价值。水域调蓄洪水价值采用影子工程法计算,计算公式如下:

$$T_{调洪} = V_i C_i \quad (6-105)$$

式中,$T_{调洪}$为当年调蓄洪水价值(元);V_i为第i年的调洪量(m³);C_i为第i年修建1m³水库库容的平均价值(元)。

5) 储水价值

水域作为天然蓄水系统,具有储存水源、补充和调节径流及地下水水量的作用,能在一定程度上减少水库等人工储水设施的建设需求。利用替代工程法计算储水价值,公式如下:

$$X_{储水} = QP \quad (6-106)$$

式中,$X_{储水}$为年储水价值(元);Q为水域潜在的蓄水量(m³);P为潜在水量的获得成本(元/m³)。

6) 净化环境价值

水生态系统通过对外界环境中有害化学物质的稀释、降解等作用,使污染物的物理形态和化学性质发生改变,从而形成水体的自净能力。利用替代工程法对水域的净化环境价值进行计算,公式如下:

$$J_{净化} = \sum_{i=1}^{n} Q_i P_i \quad (6-107)$$

式中,$J_{净化}$为河流净化环境价值(元);Q_i为河流对第i类物质的纳污能力(t);P_i为处理第i类物质所需要的成本(元/t)。

7) 生物多样性保护价值

水资源生物多样性保护价值是指水域生态系统为动物提供栖息、繁衍、迁移、越冬场所的价值,计算公式如下:

$$W_{多样性} = Ia \quad (6-108)$$

式中，$W_{多样性}$ 为水域生物多样性保护价值（元）；I 为单位面积水域生物多样性的价值（元/hm²）；a 为水域的面积（hm²）。

8）休闲娱乐价值

水域旅游资源类型多样且独特，不仅有丰富的植物资源，还分布着珍稀濒危物种，其风光与物产四季迥异，具有较高的美学价值。利用旅行费用法进行计算，计算公式如下：

$$W_{娱乐} = \sum_{i=1}^{n} T_i R \quad (6\text{-}109)$$

式中，$W_{娱乐}$ 为水资源休闲娱乐价值（元）；T_i 为人均旅游费用（元/人）；R 为风景区接待人数（人）；n 为费用类别。

2. 地下水资源价值

根据地下水资源的特征，其价值核算主要包含以下维度：供给价值、净化环境价值、固碳价值、涵养水源价值及预防地面沉降价值。

1）供给价值

地下水资源的供给价值采用市场价值法计算，计算公式为：

$$S_{地下水供给} = \sum_{i=1}^{n} Q_i P_i \quad (6\text{-}110)$$

式中，$S_{地下水供给}$ 为地下水供给价值（元）；Q_i 为第 i 种用途的用水量（m³）；P_i 为第 i 种用水的价格（元/m³）。

2）净化环境价值

地下水净化环境价值可通过污水处理费用替代估算得到，计算公式为：

$$B_1 = Q_w \times C_w \quad (6\text{-}111)$$

式中，B_1 为地下水净化环境价值（元）；Q_w 为污水排放量（m³）；C_w 为污水处理成本（元/m³）。

3）固碳价值

地下水系统作为重要的碳储存库，其开采过程会伴随 CO_2 的释放。基于地下水平均总碳含量估算，每开采 1 亿 m³ 地下水通过蒸发消耗产生的 CO_2 排放量相当于燃烧 9000t 标准煤（1t 标准煤燃烧约释放 1.9t CO_2）。考虑到地下水资源的开发利用应以由大气降水与地表水补给形成、参与现代水循环且可以更新的地下水资源量和允许开采量为前提，因此地下水固碳总量应以可更新储存量（以地下水补排差累积形成的、不同程度地参与现代水循环、赋存于潜水含水层或弱承压含水层中的水量）为计算依据。地下水生态系统固碳价值可用替代工程法，借助造林成本计算得到，计算公式如下：

$$B_2 = Q_c \times C_c \quad (6\text{-}112)$$

式中，B_2 为地下水固碳价值（元）；Q_c 为地下水固碳总量（kg）；C_c 为碳素价值

（元/kg）。

4）涵养水源价值

地下含水层的水源涵养能力取决于其含水系统中的地下水储存量。以2023年为基准年，采用替代成本法，以水库蓄水成本核算地下水系统的涵养水源价值，具体计算公式如下：

$$B_3 = Q_s \times C_x \qquad (6-113)$$

式中，B_3 为地下水涵养水源价值（元）；Q_s 为区域地下水储存量（m^3）；C_x 为蓄水成本（元/m^3）。

5）预防地面沉降价值

咸宁市地面沉降的主要诱因是地下水超采，其防治关键在于控制开采量。地下水开采导致含水层储存量减少，而储存量的变化直接控制着地面沉降的发展过程。因此，计算地下水系统的预防地面沉降价值时，应以地下水储存量为依据，采用开采损失法，具体计算公式如下：

$$C_1 = E_1 \times Q_s \qquad (6-114)$$

式中，C_1 为地下水预防地面沉降价值（元）；E_1 为超采单方地下水引发地面沉降的经济损失（元/m^3）；Q_s 为地下水储存量（m^3）。

6.3.6 自然资源社会价值

从社会维度来看，自然资源具有重要的社会价值，主要体现在以下方面：首先，作为历史记忆和文明传承的载体，自然资源承载着国家和民族的精神象征，发挥着文化认同和社会凝聚功能，其通过满足现代人精神需求而体现的游憩价值是社会价值的重要表现形式。其次，自然资源开发与保护过程中产生的就业机会和经济收益，构成了社会价值中的就业价值维度。

1. **游憩价值**

1）条件价值法

条件价值法（Contingent Valuation Method，CVM）的核心原理是通过构建一个假想市场，揭示人们对于环境质量改善的最大支付意愿，或对环境恶化所接受的最小补偿意愿，由此推导出环境物品的价值。本次评估拟通过调查人们的最大支付意愿来估算自然资源的游憩价值。

在调查设计中，关键在于兼顾实施的可行性与成本控制，因此通常采用支付卡法来获取受访者的支付意愿数据。在CVM构建的假想市场中，通过支付媒介衡量支付意愿。目前研究中使用的支付媒介一般为与收入直接相关的货币类媒介，如景区门票、基金、会员费等。评价旅游资源的使用价值时，通常采用景区门票作为支付媒介；而评估非使用价值时，多采用投入资源保护的基金数额或加入环保组织的会员费等。因此，在支付媒介的选择上，使用价值评估采用景区门票，非使用价值评估采用会员费（或基金）。

在CVM问卷设计中，为保障调查的准确性、科学性和可靠性，采用一对一面访的方式开展调查。问卷核心内容包括询问游客对5年内景区门票提升的支付意愿、对环境改善和保护的支付意愿等。

利用CVM法计算游憩价值，计算公式如下：

$$W = GA \tag{6-115}$$

式中，W为自然资源的游憩价值（元）；G为平均支付意愿（元/人）；A为游憩人数（人）。

2）旅行费用法

对于没有市场交换和市场价值的自然资源效益，可以寻找其替代市场，并用"影子价值"来表达其社会价值。核算自然资源的游憩价值可以选用旅行费用法，它主要用于测算特定自然资源在一定时期内产生的实际旅游经济价值。该方法通过统计游客旅行实际支出和旅行人数等参数进行计算，具体公式如下：

$$M = TA \tag{6-116}$$

式中，M为自然资源的游憩价值（元）；T为人均旅行费用（元/人）；A为旅行人数（人）。

2. 就业价值

在开发、利用自然资源时产生的就业机会，也是体现自然资源社会价值的重要方面。随着对各类自然资源利用的程度不断加深，相关行业的就业人数也不断增加。就业价值一般以相关行业从业员的总劳动报酬来衡量。其计算公式如下：

$$J = MR \tag{6-117}$$

式中，J为自然资源的就业价值（元）；M为就业人数（人）；R为劳动报酬（元/人）。

7 典型村自然资源价值

自然资源价值具有经济、生态、社会三重属性,三者呈递进关系:经济价值体现资源的直接利用功能,生态价值反映其环境调节功能,社会价值则涵盖文化传承、社区福祉等非货币化效益。在评估过程中,应遵循"基础功能→环境功能→社会功能"的逻辑链条,先对土地资源、森林资源、草地资源、矿产资源和水资源分别进行经济价值与生态价值评估,再将各类资源作为整体进行社会价值的综合评估。

7.1 土地资源价值

7.1.1 土地资源实物量评估

12个典型村的土地资源总面积为18 437.05hm², 各地类面积及在总面积中的占比情况见表7-1。其中,林地面积占比最大,为65.36%;商服用地、工矿仓储用地、公共管理与公共服务用地、特殊用地和其他土地面积占比均不超过1%。

12个典型村中,以位于平原地区的澄水洞村和白水村及位于丘陵山区的隐水村和石门村为例,其土地资源结构如下。

(1)澄水洞村的土地总面积为1 606.61hm²。其中,林地面积占比最大,为53.63%;耕地占比20.88%;园地占比14.23%;水域及水利设施用地占比4.35%;住宅用地占比3.59%;交通运输用地占比1.55%;草地、商服用地、工矿仓储用地、公共管理与公共服务用地、特殊用地和其他土地占比均不足1%。

(2)白水村的土地总面积为673.76hm²。其中,耕地面积占比最大,为37.18%;林地占比34.98%;园地占比9.13%;水域及水利设施用地占比7.47%;住宅用地占比5.79%;商服用地占比1.80%;交通运输用地占比2.78%;草地、公共管理与公共服务用地、特殊用地和其他土地占比均不足1%;无工矿仓储用地。

表 7-1　咸宁市 12 个典型村土地资源统计表

典型村土地面积（hm²）

地类	澄水洞村	白水村	玄素洞村	水浒城村	南门湖村	陆码头村	洪下村	畈上村	内冲村	左港村	隐水村	石门村
耕地	335.38	250.49	39.55	68.25	203.02	371.09	25.87	104.58	6.04	235.29	119.40	395.57
园地	228.59	61.51	0.00	16.32	74.28	29.02	0.00	3.4	18.77	30.26	6.52	1.71
林地	861.65	235.65	1 342.06	1 209.17	248.81	133.77	1 587.38	2 084.02	693.43	821.10	1 352.66	1 480.80
草地	0.50	1.65	0.00	0.19	5.11	0.82	2.61	162.25	1.05	0.85	27.70	8.70
商服用地	3.92	12.13	1.01	0.09	3.30	0.98	0.46	7.13	0.11	0.00	1.31	0.00
工矿仓储用地	3.16	0.00	17.37	0.00	26.91	36.28	1.57	0.57	0.00	0.00	1.79	2.05
住宅用地	57.74	39.04	35.38	20.72	57.97	71.26	37.00	20.49	6.57	25.9	20.07	44.68
公共管理与公共服务用地	10.34	3.58	6.16	0.00	3.56	0.45	1.24	2.20	1.33	2.64	0.37	0.90
特殊用地	2.75	0.04	0.49	4.29	10.03	3.38	0.39	0.61	0.21	0.03	5.04	1.24
交通运输用地	24.98	18.71	9.32	14.74	28.23	33.21	22.90	27.41	2.06	7.03	26.03	18.67
水域及水利设施用地	69.83	50.34	10.50	793.70	214.27	1 183.29	131.33	52.38	6.08	114.63	6.29	27.46
其他用地	7.77	0.62	0.96	0.30	12.28	4.74	1.05	2.80	0.00	0.86	4.74	2.47

（3）隐水村的土地总面积为 1 571.92 hm²。其中,林地面积占比最大,为 86.05%;耕地占比 7.60%;草地占比 1.76%;交通运输用地占比 1.66%;住宅用地占比 1.28%;园地、商服用地、工矿仓储用地、公共管理与公共服务用地、特殊用地、水域及水利设施用地和其他土地占比均不足 1%。

（4）石门村的土地总面积为 1 984.25 hm²。其中,林地面积占比最大,为 74.63%;耕地占比 19.94%;住宅用地占比 2.25%;水域及水利设施用地占比 1.38%;园地、草地、商服用地、工矿仓储用地、公共管理与公共服务用地、交通运输用地、特殊用地和其他土地占比均不足 1%;无商服用地。

7.1.2 土地资源价值评估

1. 经济价值

1）农用地经济价值

咸宁市典型村农用地价值评估是依据土地资源评估的原理、理论和方法,在充分掌握土地市场交易资料的基础上,根据土地的经济和自然属性,按地产的质量、等级及其在现实经济活动中的一般收益状况,充分考虑社会经济发展、土地利用方式、土地预期收益和土地利用政策等因素对土地收益的影响,综合评定出某块土地或多块土地在某一权利状况下某一时点价值的过程。

由于 12 个典型村农用地流转尚未建立有形交易市场和相应的地价体系,缺乏正常交易资料和实例,因而先采用收益还原法和成本逼近法对农用地(主要是耕地和园地)价值进行评估,再对其数值进行算术平均,得出最终的经济价值。基于前文对价值内涵的界定,本次农用地经济价值评估的对象主要为农用地承包经营权。

（1）耕地。

① 利用收益还原法计算耕地经济价值。

首先,收集样点标准田块资料,利用以下公式计算耕地纯收益：

$$A = Y \times P - (C+H) \times (1+B) + D - H \tag{7-1}$$

式中,A 是耕地纯收益(元/hm²);Y 是作物单产(kg/hm²);P 是作物单价(元/kg),取当年平均值 4.6 元/kg;C 是作物单位面积生产成本(元/hm²);H 是土地的附加费(元/hm²),高产田为 160 元/hm²,中产田为 130 元/hm²,低产田为 100 元/hm²;B 是投资成本利润率(%),根据典型村投资收益水平取 20%;D 是各种土壤补偿费(元/hm²),由于典型村没有补偿,所以其土壤补偿费取 0 元。

耕地纯收益计算结果见表 7-2。

其次,依据当年的银行存款利率和同期物价指数计算土地还原利率。计算公式如下：

$$R = U/M \tag{7-2}$$

式中,R 是土地还原利率(%);U 是 1 年期银行存款利率(%);M 是同期物价指数。2023 年的银行存款利率是 1.75%,同期物价指数是 1.041,据此求得当年的土地还原利率为 1.68%。

农用地中耕地承包经营权为有限年期(30 年)。按照收益还原法固定收益模型计算耕地经济价值(承包经营权价值),结果见表 7-2。

② 利用成本逼近法计算耕地经济价值。耕地主要种植水稻和油菜,它们为一年两熟作物。耕地单位面积生产成本,包括生产资料成本和劳动力成本。通过收集样点标准田块资料,计算得出基于成本逼近法的耕地经济价值,见表 7-2。

对利用收益还原法和成本逼近法计算的耕地经济价值进行算术平均,得到各典型村最终耕地经济价值,见表 7-2。12 个典型村耕地经济总价值为 73 921.87 万元,每公顷价值为 34.31 万元。

表 7-2   12 个典型村的耕地经济价值

村域	基于收益还原法的耕地纯收益(万元/hm²)	基于收益还原法的耕地经济价值(万元)	基于成本逼近法的耕地经济价值(万元)	算术平均后的耕地经济价值(万元)
澄水洞村	1.92	7 897.57	15 548.18	11 722.88
白水村	1.95	5 910.58	10 908.75	8 409.67
玄素洞村	1.89	970.34	1 796.61	1 383.48
水浒城村	1.87	1 641.83	2 620.79	2 131.31
南门湖村	1.29	4 783.72	7 938.36	6 361.04
陆码头村	1.22	8 717.47	17 377.80	13 047.64
洪下村	1.65	644.44	1 417.60	1 031.02
畈上村	1.52	2 484.11	6 341.66	4 412.89
内冲村	1.30	171.85	296.96	234.41
左港村	1.45	5 543.00	11 238.46	8 390.73
隐水村	1.68	2 834.92	4 500.89	3 667.91
石门村	1.98	9 308.34	16 949.43	13 128.89

(2) 园地。

收集样点园地投入产出资料,分别采用收益还原法和成本逼近法计算园地经济价值,再对两个数值进行算术平均,得到最终的园地经济价值。其中,园地纯收益与成本的计算方式与耕地类似,土地还原利率与耕地相同。12 个典型村园地经济价值共计 16 152.42 万元,每公顷经济价值为 34.34 万元。各典型村园地经济价值见表 7-3。

表 7-3　12 个典型村的园地经济价值　　　　　　　　　单位：万元

村域	基于收益还原法的园地价值	基于成本逼近法的园地价值	算术平均后的园地价值
澄水洞村	3 960.59	10 821.27	7 390.93
白水村	676.93	3 229.27	1 953.10
玄素洞村	0.00	0.00	0.00
水浒城村	160.48	724.43	442.46
南门湖村	1 373.91	3 762.64	2 568.28
陆码头村	292.26	1 237.90	765.08
洪下村	0.00	0.00	0.00
畈上村	36.65	160.39	98.52
内冲村	931.22	1 187.09	1 059.16
左港村	1 643.75	1 736.39	1 690.07
隐水村	73.25	219.16	146.21
石门村	18.44	58.77	38.61

2）建设用地经济价值

农村建设用地与城镇建设用地均为经济社会活动的载体，可采用相同的方法进行地价评估。不同交易类型的样点对应不同的地价测算方法，样点交易类型主要包括房地出租、商品房出售、房地买卖、土地流转、土地出租等。除土地流转和土地出租样点可直接获取地价外，房地出租样点需采用收益还原法测定地价，房地买卖和商品房出售样点需采用剩余法测定地价。各项参数以调查核实结果为准，参照当地土地估价实务的一般经验确定取值。

（1）确定相关参数。

① 收益还原法相关参数。

a. 房屋重置价格、耐用年限及残值率。房屋重置价格是指依据目前的人工成本、材料价格、建筑设计标准及正常管理水平，建造一幢与被拆除房屋结构、质量相当的建筑物所需的费用。鉴于农村建设用地上房屋重置价格与城镇房屋重置价格存在显著差异，需根据相关规定，结合实地调查，综合考虑近几年人工成本、建筑材料价格上涨情况、房屋耐用年限和残值率等因素，确定农村建设房屋重置价格标准，见表 7-4。

表 7-4 农村房屋重置价格影响因素及重置价格

划分标准		房屋主要的结构特征	房屋重置价格（元/m）	耐用年限（年）	残值率
类别	等级				
钢混结构		具有6层及以下框架结构,采用桩基础或独立基础	950	70	0
砖混结构	一级	具有砖墙和钢筋混凝土（每层设圈梁,部分设构造柱）承重结构,采用现浇或预制楼板,配备铝合金窗；外墙采用干粘石饰面,内墙及天棚使用仿瓷涂料,地面铺设地板砖；水电及卫生设备齐全；住宅采用单元式布局,并设有阳台	759	50	2%
	二级	采用部分钢筋混凝土结构,主体为砖墙承重,楼板采用预制板,门窗为木质；内墙及天棚饰以仿瓷涂料,外墙采用干粘石饰面,地面为水泥砂浆面层；水电及卫生设备齐全；住宅采用单元式布局,并设有阳台	659		
	三级	砖墙承重,楼板采用预制板,门窗为木质；内墙及天棚涂刷107涂料,外墙为清水墙面,地面为水泥砂浆面层；配备水电及卫生设备；住宅采用非单元式布局,无阳台,设有厨房及公用卫生间	559		
砖木结构	一级	砖石基础,砖墙厚18～24cm,配备油漆玻璃门窗或铝合金门窗,木板楼面,有平顶,木架人字栋瓦屋面,混凝土地面,四周用砖砌明、暗排水沟	583	40	6%
	二级	砖石基础,砖墙厚18～24cm,配备油漆玻璃门窗或铝合金门窗,木架瓦屋面,混凝土地面,四周用砖砌明、暗排水沟	508		
简易结构		木板房、砖坯房、土草房、竹木捆绑房,使用寿命在10年以内	290	10	0
备注		①住宅用房标准层高为3.0m,综合楼标准层高为3.2m；②房屋层高、主要结构特征、装饰、设备与标准有差异时,适当进行调整			

b. 租赁及经营管理费。管理费是对出租房屋进行管理所需的费用。根据住建部门提供的资料,确定租赁管理费为年租金的4%,房屋出租的经营管理费一般为年租金的2%,租赁经营管理费为年租金的6%。

c. 租赁税费。租赁税费是指房地出租者按规定向房管部门和税务局缴纳的费用。不动产租赁税费标准见表7-5。

表 7-5　不动产租赁税费标准一览表

类别 房屋性质	年租金（万元）	房产税	增值税	城市维护建设税	教育费附加	地方教育附加	印花税	综合税率
个人住房	≤3	4%	1.5%	县镇:5% 其他:1%	3%	2%	—	5.38%
个人非住房	≤3	12%	5%		3%	2%	0.10%	16.76%
单位住房	≤3	4%	5%		3%	2%	0.10%	9.14%
单位非住房	≤3	12%	5%		3%	2%	0.10%	16.76%
住房	≥3	4%	—	—	—	—	—	3.81%
非住房	≥3	12%	—	—	—	—	—	11.43%

d. 房屋现值。房屋现值＝房屋重置价格－年折旧费×已使用年数。折旧费是指房屋在使用过程中因损耗而在租金中补偿的那部分价值。其计算公式为：年折旧费＝（房屋重置价格－残值）÷耐用年限＝房屋重置价格×（1－残值率）÷耐用年限。

e. 保险费。保险费指出租人为了使房产避免意外损失而向保险部门支付的费用，其值为房屋现值的2‰。计算公式为：年保险费＝房屋现值×2‰。

f. 维修费。维修费指为保障房屋正常使用每年需支付的修缮费。该项费用参考企业实际，按建筑物重置价格的2%计算。计算公式为：维修费＝建筑物重置价格×2%。

g. 土地还原利率。土地还原利率是将土地纯收益还原为土地价值的比率。在收益还原法的计算公式中，确定合理的土地还原利率和房屋还原利率是准确计算样点地价的关键。

一是确定建设用地中商服用地和住宅用地的还原利率。在采用土地纯收益与价值比率法测算还原利率时，根据投资房屋与土地的风险大小，按照高风险高报酬的市场规律，土地还原利率应该比房屋还原利率低。在充分调查农村土地市场实际情况的基础上，结合样点的普遍结构和平均耐用年限（平均耐用年限50年，折旧较快，且易受自然灾害的影响），将收集到的买卖样点与邻近有效类似实例进行比较，计算商服出租样点房地的纯收益与价值比，得到综合还原利率。结合综合还原利率、土地还原利率、房屋还原利率关系公式，可以推算出土地还原利率与房屋还原利率（房屋还原利率通常比土地还原利率高2.0%）。具体公式如下：

$$r = \frac{r_1 L + r_2 B}{L + B} \tag{7-3}$$

式中，r 为综合还原利率（%）；L 为平均土地价值（元/m²）；B 为平均建筑物现值（元/m²）；r_1 为土地还原利率（%）；r_2 为房屋还原利率（%）。

采用土地纯收益与价值比率法计算土地还原利率,其中商服用地还原利率为9.0%,住宅用地还原利率为8.0%,见表7-9。

二是确定建设用地中工矿仓储用地和公共管理与公共服务用地的还原利率。工矿仓储用地和公共管理与公共服务用地交易样点少,其中属租赁类型的更少,较难获取租售比数据。考虑到不同行业平均利润水平的差异,根据土地利用特性,在住宅用地的还原利率基础上分别下调1.0%和0.5%,作为工矿仓储用地和公共管理与公共服务用地的土地还原利率,因此,工矿仓储用地、公共管理与公共服务用地土地还原利率分别为7.0%、7.5%,见表7-6。

表7-6 各类型用地还原利率

地类	商服用地	住宅用地	工矿仓储用地	公共管理与公共服务用地
土地还原利率(%)	9.0	8.0	7.0	7.5
房屋还原利率(%)	11.0	10.0	9.0	9.5

② 成本逼近法相关参数。

a. 土地取得费及相关税费。

土地取得费的计算依据主要包括土地补偿费、安置补助费,以及青苗和地上附着物补偿费。

土地补偿费是指国家在征收集体土地时支付给农村集体经济组织的一种补偿费用,用于弥补因土地被征收而造成的经济损失。农用地转为建设用地后,土地属性已改变,农用地功能随之丧失。因此,地价构成中应包含对农用地丧失及多年投入损失的补偿。在国家征收农用地时,征地补偿标准中的土地补偿费既包含了对农用地丧失的补偿,也包含了对所有权转移的补偿。

安置补助费是指因征地造成多余劳动力需安置而支付的补助金额,该费用支付给组织安置的单位或被安置人员个人。农用地转为建设用地后,会产生多余劳动力安置问题,所以农用地安置补助费的内涵与国有建设用地安置补助费内涵具有一致性。

青苗补偿费是指对被征用土地上正在生长的农作物的补偿费用。

地上附着物补偿费是指对被征用土地上的各种建筑物和构筑物的补偿费用。

基于上述分析,收集相关案例,并结合典型村所在区域的土地补偿费、安置补助费、青苗补偿费及地上附着物补偿费标准(表7-7、表7-8),测算土地取得费。

表7-7 12个典型村土地补偿费、安置补助费合计标准 单位:元/亩

平原区村域	丘陵区村域	山区村域
43 550	39 672	35 134

注:征收水田的,按上述标准的1.2倍执行;征收耕地(除水田)、草地(除其他草地)、农村道路、水库水面、坑塘水面、沟渠、设施农用地、田坎、建设用地的,按本标准执行;征收未利用地的,按上述标准的60%执行;征收园地、林地的,按照上述标准的80%执行;征收基本农田的,按照所在区片水田标准执行。

表 7-8　12 个典型村青苗补偿费、地上附着物补偿费标准　　　　单位：元/亩

补偿类别	包干补偿标准	
	青苗补偿费	地上附着物补偿费
水田	3500	4000
水浇地	5500	12 000
水产养殖用地	5500	10 000
旱地	2500	2000
林地	1000	500
未利用地	1000（不区分青苗补偿费和地上附着物补偿费）	

农用地转为建设用地时，收取的主要税费有耕地占用税、耕地开垦费和森林植被恢复费等。

耕地占用税方面，建设用地项目占用耕地时需缴纳该税，其收取标准为 30 元/m^2；若占用林地，则按照标准的 80% 缴纳耕地占用税。

耕地开垦费标准：水田 7.8 万元/亩，旱地 5.2 万元/亩。

森林植被恢复费是针对灌木林地、疏林地、未成林造林地等征收的费用，征收标准为 6 元/m^2。

b. 土地开发费。

虽然农村建设用地的基础设施等级与保障水平较城区还有一定差距，但其实际投入的单位成本比城区更高。根据实地调查与测算，确定农村建设用地的土地开发费处于 45~75 元/m^2 之间，见表 7-9。

表 7-9　农村建设用地土地开发各项费用　　　　单位：元/m^2

道路设施费用	电力设施费用	给水设施费用	场地平整费用	合计
12~20	10~15	10~15	13~25	45~75

c. 投资利息。

根据实地调查可知，12 个典型村的土地开发周期一般为 1 年，投资利息率按评估基准日中国人民银行公布的固定资产一年期贷款利息率 4.35% 计。在土地开发投资中，土地取得费及相关税费均为一次性投入，土地开发费则采用分期投入的方式。为便于计算投资利息，假设土地开发费在开发周期内均匀投入。则投资利息的计算公式为：投资利息=（土地取得费+税费）×4.35%+土地开发费×1/2×4.35%。

d. 投资利润。

当土地作为生产要素以固定资产形式投入时，会产生投资利润。其计算公式

为:投资利润＝(土地取得费＋税费＋土地开发费)×利润率。

农村建设用地评估中的投资利润率采用经验值比较排序法进行确定。城镇建设用地投资平均利润率在8%～12%之间,基于各行业利润率数据,考虑到农村建设用地在区位、投资环境和基础设施建设上与国有土地仍存在较大差距,其投资利润率应较城镇建设用地投资利润率略低一些,因此,此次确定农村建设用地的投资利润率为5%。

e. 土地增值收益。

土地增值包括土地资源和资本两方面的增值,是指因土地用途改变或进行土地开发,达到建设用地利用条件而发生的价值增加,是土地开发后市场价值与成本价值之间的差额。土地增值的形式主要为土地用途转换型增值和外部投资作用型增值,增值来源主要包括自然增值、投资增值和规划增值。其计算公式为:土地增值收益＝(土地取得费＋土地开发费＋税费＋投资利息＋投资利润)×土地增值收益率。国有工矿仓储用地的土地增值收益率一般按25%计算,农村土地增值收益率可适当调低。

结合实际情况,确定农村建设用地中商服用地的土地增值收益率为25%～35%,住宅用地的土地增值收益率为20%～30%,工矿仓储用地的土地增值收益率为10%～15%,公共管理与公共服务用地的土地增值收益率参照住宅用地取值。

(2) 确定样点地价。

① 各类样点地价计算。

a. 房地出租样点地价计算。

根据样点调查资料,房地出租的样点包括农村商业房屋出租、农村住宅房屋出租、农村工业厂房出租等形式。对于房地出租样点,主要采用收益还原法测算地价。其基本原理是从房地年总收益中剥离出土地纯收益,用它除以土地还原利率,得出土地价格。具体步骤如下。

首先,分别计算房地年总收益、房地出租总成本和房地出租年纯收益。

房地年总收益＝月房地租金总额×11(每年按一个月计空房损失)。

房地出租总成本＝维修费＋管理费＋保险费＋税金。其中,维修费＝建筑物维修价格×计费比率;管理费＝年房地租金总额×计费比率;保险费＝房屋现值×计费比率;税金＝年房地租金总额×计税比率。

房屋出租年纯收益＝房屋现值×房屋还原利率。其中,房屋现值＝房屋重置价格×房屋成新度;房屋成新度＝尚可使用年限/(已使用年限＋尚可使用年限)。

其次,计算土地纯收益。土地纯收益＝房地年总收益－房地出租总成本－房屋出租年纯收益。

最后,根据下式计算房地出租样点地价:

$$P_{样}=\frac{R_{土}}{r}\times\left[1-\frac{1}{(1+r)^n}\right] \qquad (7\text{-}4)$$

式中，$P_{样}$ 为房地出租样点地价（元/m²）；$R_土$ 为土地纯收益（元/m²）；r 为土地还原利率（%）；n 为土地的法定出让年限（a）。

b. 房地买卖样点地价计算。

对于房地买卖样点，采用剩余法（假设开发法）测算地价。剩余法是在预计开发完成后不动产正常交易价值的基础上，扣除预计的正常开发成本及相关专业费用、利息、利润和税收等，以余额来估算待估土地价值的方法。

房地买卖价值以签订的买卖合同中的实际交易价格为准。依据房屋重置价格和房屋成新度计算房屋现值，公式如下：

$$P_{nc} = P_{nk} \times D_n \tag{7-5}$$

式中，P_{nc} 为房屋现值（元）；P_{nk} 为房屋重置价格（元）；D_n 为房屋成新度（%）。

地价计算：

$$P_{ls} = \frac{P_{nd} - P_{nc} - T - E}{S} \tag{7-6}$$

式中，P_{ls} 为单位面积土地价值（元/m²）；P_{nd} 为房地交易价值（元）；P_{nc} 为房屋现值（元）；T 为房屋交易中卖方应支付的税额（元）；E 为房屋交易中卖方应支付的费用（元）；S 为房屋用地面积（m²）。

c. 土地流转样点地价计算。

土地流转样点主要包括在隐形市场中私下流转的工业用地、商业用地和住宅用地等。对于这类样点，需先进行相关修正，之后再直接计算其地价。先对土地流转样点的流转价格进行交易情况修正，再进行年期修正、期日修正，将地价修正到各地类法定最高使用年限的地价，最后进行土地开发程度修正。地价＝流转价×交易情况修正×年期修正系数×期日修正系数＋土地开发程度修正。

d. 土地出租样点地价计算。

土地出租样点主要是农村工业用地出租，对这类样点采用收益还原法进行地价计算。先从土地年租金中扣除土地租赁过程中的各项相关税费，以获得土地纯收益，再除以土地还原利率，得到样点地价。

地价＝（土地年租金－相关税费）/土地还原利率。

② 各类样点地价参数修正。

为使样点地价符合地价内涵并具有可比性，须对其进行相应修正。

a. 出让年期修正。

对于土地价值评估所需的样点地价，应按法律规定的各类土地的最高出让年期进行修正。

将有限年期使用权价值修正至最高出让年期地价，计算公式如下：

$$V_m = V_{m1} \times \frac{1-(1+r)^{-m}}{1-(1+r)^{-m1}} \tag{7-7}$$

式中，V_m 为最高出让年限土地使用权价值（元/m²）；m_1 为实际出让年期或剩余出让年期(a)；V_{m1} 为有限年期土地使用权价值（元/m²）；m 为土地使用权法定最高年限(a)；r 为土地还原利率(%)。

将无限年期地价修正至法定最高出让年期地价，计算公式如下：

$$V_m = V_E \times \left[1 - \frac{1}{(1+r)^m}\right] \tag{7-8}$$

式中，V_E 为无限年期土地使用权价值（元/m²）；V_m、r、m 含义同式(7-7)。

b. 交易时间修正。

对于不同交易时间的样点地价，只有将其修正至评估基准日的地价，才能用于地价评估。将不同时期实际成交的宗地价格修正至评估基准日价格的计算公式为：

$$V = V_0 \times K_t \tag{7-9}$$

式中，V 为修正至评估基准日的宗地价格（元/m²）；V_0 为实际成交的宗地价格（元/m²）；K_t 为时间修正系数。

农村土地市场发育程度较低，地价指数体系编制难度大且易失真。综合考虑12个典型村近5年来零售物价指数变化，结合近几年建设用地租金水平的变化情况，参考城区地价交易时间修正系数，编制建设用地地价交易时间修正系数，见表7-10。

表7-10　12个典型村建设用地地价交易时间修正系数

用地类别	商服用地	住宅用地	工矿仓储用地	公共管理与公共服务用地
地价月上涨幅度	+0.2%	+0.15%	+0.05%	+0.08%

c. 容积率修正。

容积率对地价有较大影响。一般地，提高容积率可以增加土地收益，同时也对公共设施投资有了更高的要求。进行商服用地和住宅用地宗地评估时，当实际容积率与地价内涵确定的容积率不同时，必须进行修正（表7-11、表7-12）；而工矿仓储用地的容积率对地价的影响很小，且根据相关土地节约集约文件规定，工矿仓储用地提高容积率不需补缴土地出入金，所以，评估时不必进行容积率修正。公共管理与公共服务用地根据实际进行修正（表7-13）。

表7-11　商服用地样点容积率修正系数表

容积率	0.9	1.0	1.1	1.2	1.3	1.4	1.5	1.6
修正系数	1.076	1.055	1.036	1.013	1.000	0.974	0.962	0.948
容积率	1.7	1.8	1.9	2.0	2.1	2.2	2.3	2.4
修正系数	0.937	0.927	0.917	0.900	0.890	0.882	0.873	0.864

表7-11（续）

容积率	2.5	2.6	2.7	2.8	2.9	3.0	3.1	3.2
修正系数	0.858	0.85	0.842	0.834	0.825	0.820	0.812	0.805
容积率	3.3	3.4	3.5	3.6	3.7	3.8	3.9	4.0
修正系数	0.798	0.791	0.784	0.778	0.772	0.768	0.765	0.760

注：除表中已列出的容积率修正系数外，其他容积率对应的修正系数，可通过表中相邻容积率对应的修正系数进行线性内插计算获取。

表7-12 住宅用地样点容积率修正系数表

容积率	0.9	1.0	1.1	1.2	1.3	1.4	1.5	1.6
修正系数	1.038	1.019	1.01	1.000	0.988	0.979	0.971	0.962
容积率	1.7	1.8	1.9	2.0	2.1	2.2	2.3	2.4
修正系数	0.952	0.943	0.935	0.927	0.920	0.912	0.906	0.898
容积率	2.5	2.6	2.7	2.8	2.9	3.0	3.1	3.2
修正系数	0.890	0.882	0.876	0.869	0.863	0.858	0.851	0.845
容积率	3.3	3.4	3.5	3.6	3.7	3.8	3.9	4.0
修正系数	0.839	0.834	0.829	0.823	0.818	0.812	0.807	0.801

注：除表中已列出的容积率修正系数外，其他容积率对应的修正系数，可通过表中相邻容积率对应的修正系数进行线性内插计算获取。

表7-13 公共管理与公共服务用地样点容积率修正系数表

容积率	0.9	1.0	1.1	1.2	1.3	1.4	1.5	1.6
修正系数	1.029	1.017	1.009	1	0.988	0.981	0.973	0.965
容积率	1.7	1.8	1.9	2.0	2.1	2.2	2.3	2.4
修正系数	0.957	0.947	0.942	0.934	0.927	0.919	0.913	0.905
容积率	2.5	2.6	2.7	2.8	2.9	3.0	3.1	3.2
修正系数	0.898	0.892	0.887	0.88	0.873	0.868	0.863	0.857
容积率	3.3	3.4	3.5	3.6	3.7	3.8	3.9	4.0
修正系数	0.851	0.846	0.841	0.835	0.831	0.824	0.82	0.816

注：除表中已列出的容积率修正系数外，其他容积率对应的修正系数，可通过表中相邻容积率对应的修正系数进行线性内插计算获取。

d. 开发程度修正。

地价是指在一定开发程度下的土地价格。当样点的实际开发程度与地价所设定的开发程度不一致时，必须对地价进行开发程度的修正。具体而言，当样点开发程度高于地价设定开发程度时，需要从样点宗地地价中减去多出的开发费用；当样点开发程度低于地价设定开发程度时，则需要在样点宗地地价中加上相差的开发费用。

由于农村地区交通运输不便，输电线路较长，输电损耗比城区多，所以农村的电力设施费用较城区更高。同时，处于南方丘陵地区的农村，在建设道路时开挖山体的频率比城区更高，因此其道路设施费用也较城区更高。此外，农村的通信设施费用和场地平整费也比城区略高。综合以上因素，农村建设用地的"三通一平"（通路、通电、通信和场地平整）费用通常大于城区。

e. 隐形市场交易样点特殊修正。

由于建设用地市场尚处于初级阶段，其交易受到各方面条件的限制：一是流转机制尚未完善；二是公开交易体系尚未建立；三是存在缺乏政策支持的隐形市场交易。这使得农村建设用地流转在价值评估方面仍存在较大的随意性，土地价值被低估的现象较为普遍，市场竞价难以充分体现土地的真实价值。

部分地区在土地使用权流转过程中，通过私下协议的方式绕开原拥有土地所有权的农民，将土地流转收益全部归为镇或村集体所有，未落实对原土地所有者的补偿和收益分成，这也导致了流转价值偏低。

基于调查样点测算的地价普遍偏低的情况，必须对样点地价进行特殊修正，修正幅度为+10%～+30%（具体修正系数需根据每宗交易样点的实际特殊情况来确定）。

(3) 各类用地经济价值核算。

① 商服用地。

12个典型村商服用地价值测算采用的方法是结合样点地价推算出单位面积地价（单价），再根据面积测算各村商服用地经济价值（总值），见表7-14。

② 住宅用地。

采用与商服用地测算同样的方法，得出12个典型村的住宅用地经济价值，见表7-14。

③ 工矿仓储用地。

12个典型村的工矿仓储用地较少，样点选取不多，故采用单元地价平均值法与成本逼近法对其工矿仓储用地价值进行测算，见表7-14。

④ 公共管理与公共服务用地。

公共管理与公共服务用地样点数量较少，价值评估采用单元地价平均值法和指数模型法进行测算，其计算过程与其他建设用地一致，结果见表7-14。

表 7-14 12个典型村各类建设用地经济价值

村域		澄水洞村	白水村	玄素洞村	水浒城村	南门湖村	陆码头村	洪下村	畈上村	闪冲村	左港村	隐水村	石门村
商服用地价值	单价(元/m²)	345.00	348.00	286.00	235.00	274.00	286.00	268.00	274.00	342.00	0.00	352.00	0.00
	总值(万元)	1 351.40	4 221.24	288.86	21.15	904.20	280.28	123.28	1 953.62	37.62	0.00	461.12	0.00
住宅用地价值	单价(元/m²)	270.00	214.00	204.00	192.00	248.00	215.00	214.00	219.00	249.00	196.00	268.00	206.00
	总值(万元)	15 589.80	8 354.56	7 217.52	3 978.24	14 376.56	15 320.90	7 918.00	4 487.31	1 635.93	5 076.40	5 378.76	9 204.08
工矿仓储用地价值	单价(元/m²)	172.00	0.00	120.00	0.00	143.00	130.00	125.00	120.00	0.00	0.00	128.00	128.00
	总值(万元)	543.52	0.00	2 084.40	0.00	3 848.13	4 716.40	196.25	68.40	0.00	0.00	229.12	262.40
公共管理与公共服务用地价值	单价(元/m²)	253.00	248.00	209.00	0.00	186.00	182.00	152.00	152.00	256.00	208.00	268.00	202.00
	总值(万元)	2 616.02	887.84	1 287.44	0.00	662.16	81.90	188.48	334.40	340.48	549.12	99.16	181.80

2. 生态价值

1）当量因子法

依据当量因子法计算公式,得出 12 个典型村各类资源的生态价值,结果见表 7-15。

表 7-15 12 个典型村各类资源的生态价值(基于当量因子法)   单位:万元

村域	土地资源生态价值	森林资源生态价值	草地资源生态价值	水资源生态价值
澄水洞村	1 323.07	6 401.17	1.09	974.26
白水村	753.48	1 802.09	3.72	672.98
玄素洞村	81.87	8 797.27	0.00	142.76
水浒城村	180.90	8 190.34	0.39	11 302.32
南门湖村	669.67	1 902.83	11.52	3 059.72
陆码头村	1 076.74	1 139.92	2.05	20 770.78
洪下村	57.13	11 098.91	5.37	1 909.46
畈上村	245.86	15 026.81	344.82	685.74
内冲村	41.07	3 636.33	1.63	63.84
左港村	458.07	4 485.25	1.37	1 258.88
隐水村	251.96	8 571.13	51.74	28.02
石门村	822.38	9 706.64	16.81	198.24

注:土地资源主要包含耕地和园地。

2）功能价值法

功能价值法是通过量化生态系统服务功能的经济价值来评估自然资源生态价值的方法。下面将重点运用功能价值法对土地资源中耕地和园地的生态价值进行评估。

(1) 耕地生态价值。

依据土地资源生态价值的功能价值法计算公式,测算 12 个典型村的耕地生态价值(表 7-16、表 7-17)。12 个村耕地单位面积生态价值合计为 19 534.47 元/hm^2。

表7-16 耕地评价指标及单位面积生态价值

一级指标	二级指标	单位面积生态价值(元/hm²)
生态正向价值	涵养水源价值	5 300.61
	固碳释氧价值	3 683.39
	净化大气价值	676.19
	土壤形成与保护价值	903.61
	营养物质循环价值	7 988.98
	生物多样性保护价值	1 011.69
生态负向价值	农膜负向价值	9.86
	化肥与农药负向价值	20.14

耕地生态正向价值为 19 564.47 元/hm²。其中,价值最大的为营养物质循环价值,为 7 988.98 元/hm²,贡献率达 40.83%,表明营养物质循环功能在耕地生态价值中非常重要;其次是涵养水源价值,为 5 300.61 元/hm²;再次是固碳释氧价值,为 3 683.39 元/hm²;生物多样性保护价值为 1 011.69 元/hm²,土壤形成与保护价值为 903.61 元/hm²,而净化大气价值最低,为 676.19 元/hm²。此外,耕地生态还存在负向价值,为 30.00 元/hm²。

(2)园地生态价值。

园地生态价值的评估参照耕地生态价值的计算方法进行。由于园地种类多为茶园、果园,且农膜使用较少,因此其生态负向价值不予考虑,其他计算方式与耕地生态价值计算相似,具体结果见表7-17。

通过当量因子法和功能价值法得到 12 个典型村的土地资源生态价值(主要包含耕地和园地资源),将两种方法的评估结果进行算术平均,最终得出各村土地资源生态价值,见表7-17。12 个典型村的土地资源生态价值合计为 5 545.15 万元。

表7-17 12个典型村的土地资源生态价值　　　　　　　　　单位:万元

村域	耕地生态价值 (基于功能价值法)	园地生态价值 (基于功能价值法)	土地资源生态价值 (算术平均后)
澄水洞村	655.15	446.76	1 212.49
白水村	489.31	120.22	681.51
玄素洞村	77.26	0.00	79.57
水浒城村	133.33	31.89	173.06

表7-17（续）

村域	耕地生态价值（基于功能价值法）	园地生态价值（基于功能价值法）	土地资源生态价值（算术平均后）
南门湖村	396.59	145.17	605.72
陆码头村	724.92	56.73	929.20
洪下村	50.54	0.00	53.84
畈上村	204.28	6.65	228.40
内冲村	11.80	36.67	44.77
左港村	459.62	59.14	488.42
隐水村	233.24	12.74	248.97
石门村	772.73	3.35	799.23

7.2 森林资源价值

7.2.1 森林资源实物量

1. 林地实物量评估

林地实物量指林地面积。12个典型村的林地面积合计为12 050.50hm^2，各村、各类林地实物量见表7-18。

表7-18　12个典型村的林地实物量　　　　　　　　　　　　单位：hm^2

村域	乔木林地	竹林地	灌木林地	其他林地	合计
澄水洞村	601.74	33.16	21.66	205.09	861.65
白水村	159.83	10.65	2.54	62.63	235.65
玄素洞村	1 266.43	24.15	7.60	43.88	1 342.06
水浒城村	1 095.57	34.75	66.05	12.8	1 209.17
南门湖村	191.54	13.71	28.83	14.73	248.81
陆码头村	90.08	0.34	3.91	39.44	133.77
洪下村	177.00	1 314.86	0.00	95.52	1 587.38
畈上村	2 055.92	0.00	1.08	27.02	2 084.02

表7-18（续）

村域	乔木林地	竹林地	灌木林地	其他林地	合计
内冲村	693.43	0.00	0.00	0.00	693.43
左港村	740.56	7.31	43.27	29.96	821.10
隐水村	1 292.36	0.15	22.94	37.21	1 352.66
石门村	1 114.23	150.56	84.17	131.84	1 480.80

2. 林木实物量评估

林木实物量主要指林木蓄积量，它是森林资源价值评估中的常用指标之一。林木蓄积量反映的是乔木树种材积的总量。陆表乔木林蓄积量 M 和蓄积生长量 ΔM 计算公式如下：

$$M = \sum_{1}^{j} C_j \cdot \bar{d}_j^{g_j} \cdot \overline{H}_j^{f_j} \cdot N \cdot k_j \tag{7-10}$$

$$\Delta M \approx M \cdot \left(g_j \frac{\Delta \bar{d}_j}{\bar{d}_j} + f_j \cdot \frac{\Delta \overline{H}_j}{\overline{H}_j} \right) \tag{7-11}$$

式中，j 代表树种，C_j、g_j、f_j 为 j 树种的蓄积参数；$\bar{d}_j$ 是 j 树种的平均胸径(cm)；$\overline{H}_j$ 是 j 树种的平均树高(m)；N 是样地林分密度（株/hm²）；k_j 是 j 树种所占树种比例；$\Delta \bar{d}_j$ 是 j 树种的胸径生长量(cm)；$\Delta \overline{H}_j$ 是 j 树种的树高生长量(m)。

此外，若没有准确的树高调查数据，则用下式计算蓄积生长量 ΔM：

$$\Delta M \approx M \cdot \frac{\Delta \bar{d}_j}{\bar{d}_j} \cdot (g_j + f_j \cdot b_j) \tag{7-12}$$

式中，b_j 为树种的胸径-树高转换参数（用于通过树高曲线模型补算树高）；$\bar{d}_j$、$\Delta \bar{d}_j$、g_j、f_j 含义同上。

12 个典型村的林木实物量计算结果见表7-19。

表7-19　12个典型村的林木实物量

林木类型	各村域林木实物量											
	澄水洞村	白水村	玄素洞村	水浒城村	南门湖村	陆码头村	洪下村	畈上村	内冲村	左港村	隐水村	石门村
竹(t)	746.00	239.58	543.47	781.99	308.55	7.70	29 584.40	0.00	0.00	164.55	3.33	3 387.57
杉树/松树（万 m³）	8.16	2.24	17.56	14.92	2.43	1.44	2.98	24.91	8.32	8.05	15.07	13.89

注：竹林单产取典型村样点平均值；杉树/松树平均产量取样点平均值（灌木林地基本没有林木产量，故忽略）。

7.2.2 森林资源价值量

1. 经济价值

依据森林资源的功能定位与经营方式,可以将森林资源划分为经济林和生态林两个类别。12个典型村的经济林在用地上主要为竹林地和其他林地,生态林在用地上主要为乔木林地和灌木林地。本次森林资源经济价值评估对象主要是12个典型村的经济林(竹林+其他经济林)。

1) 竹林

12个典型村的竹林均为花年竹林(每年持续出笋长竹且产量波动幅度较小),可采用收益现值法评估竹林的价值。花年竹林均处于生产稳定期,稳定期净收益为0.65万元/hm^2。通过实地勘探,得知竹林投资收益率为4.49%。将使用年期设为10年,在花年竹林永续经营条件下计算各村竹林价值,结果见表7-20。

此外,也可采用重置成本法计算12个典型村的花年竹林价值。竹林造林成活率超过80%,树高调整系数取值为1.1,林分质量综合调整系数取值为1.1,竹林评价投资成本为3.54万元/hm^2,基于重置成本法计算各村竹林价值,结果见表7-20。

对上面两种方法计算出的竹林价值进行算术平均,可得各村的竹林经济价值(表7-20)。12个典型村竹林总价值为7 634.00万元,均价为4.80万元/hm^2。

表7-20 12个典型村的竹林经济价值　　　　　　　　　　　　　　单位:万元

村域	竹林经济价值 (基于收益现值法)	竹林经济价值 (基于重置成本法)	竹林经济价值 (算术平均后)
澄水洞村	151.66	166.78	159.22
白水村	48.71	53.56	51.14
玄素洞村	110.49	121.50	116.00
水浒城村	158.98	174.83	166.91
南门湖村	62.73	68.98	65.86
陆码头村	1.57	1.72	1.65
洪下村	6 014.45	6 614.26	6 314.36
畈上村	0.00	0.00	0.00
内冲村	0.00	0.00	0.00
左港村	33.45	36.79	35.12
隐水村	0.68	0.74	0.71
石门村	688.69	757.37	723.03

2）其他经济林

12个典型村的其他经济林林种主要是用于林产原料的杉树和松树，均为已投产林，可采用收益现值法评估其价值。各村其他经济林均处于生产稳定期，稳定期净收益为 0.96 万元/hm^2。通过实地探勘，得知投资收益率为 4.49%。将使用年期设为 10 年，在永续经营条件下计算各村经济林价值，结果见表 7-21。

此外，也可采用重置成本法计算 12 个典型村的其他经济林价值。造林成活率超过 80%，树高调整系数取值 0.9，林分质量综合调整系数 0.9，投资成本为 3.52 万元/hm^2，基于重置成本法计算各村其他经济林价值，结果见表 7-21。

对上面两种方法计算出的其他经济林价值进行算术平均，可得各村的经济林经济价值（表 7-21）。12 个典型村经济林总价值为 4 117.37 万元，均价为 5.88 万元/hm^2。

表 7-21　12 个典型村的其他经济林经济价值　　　　　　　　　　单位：万元

村域	其他经济林经济价值（基于收益现值法）	其他经济林经济价值（基于重置成本法）	其他经济林经济价值（算术平均后）
澄水洞村	1 386.43	1 025.87	1 206.15
白水村	423.35	313.25	368.30
玄素洞村	296.65	219.50	258.08
水浒城村	86.50	64.00	75.25
南门湖村	99.60	73.70	86.65
陆码头村	266.61	197.28	231.95
洪下村	645.68	477.76	561.72
畈上村	182.64	135.14	158.89
内冲村	0.00	0.00	0.00
左港村	202.50	149.84	176.17
隐水村	251.56	186.14	218.85
石门村	891.25	659.47	775.36

2. 生态价值

森林资源生态价值的评估方法有当量因子法和功能价值法两种。其中，12个典型村基于当量因子法的森林资源生态价值计算在前文已完成，结果见表 7-15；各村基于功能价值法计算的森林资源生态价值见表 7-22。

表 7-22 12 个典型村基于功能价值法的森林资源生态价值

单位：万元

生态价值类型		各村生态价值量											
		澄水洞村	白水村	玄素洞村	水浒城村	南门湖村	陆码头村	洪下村	畈上村	内冲村	左港村	隐水村	石门村
涵养水源价值		138.75	37.95	216.11	194.71	40.07	21.54	255.61	335.59	111.66	132.22	217.82	238.45
净化水质价值		709.35	193.99	1 104.86	995.45	204.84	110.13	1 306.81	1 715.67	570.86	675.97	1 113.58	1 219.07
固碳释氧价值	固碳	329.58	90.14	513.35	462.51	95.17	51.17	607.18	797.15	265.24	314.07	517.40	566.41
	释氧	406.04	111.05	632.44	569.81	117.25	63.04	748.03	982.07	326.77	386.93	637.43	697.81
净化大气价值	滞尘	148.09	40.50	230.66	207.82	42.76	22.99	272.82	358.18	119.18	141.12	232.48	254.51
	吸收SO_2	4.58	1.25	7.14	6.43	1.32	0.71	8.44	11.08	3.69	4.37	7.19	7.88
降噪价值		861.65	235.64	1 342.07	1 209.17	248.82	133.77	1 587.37	2 084.02	693.43	821.10	1 352.66	1 480.80
释放负离子价值		1 589.05	434.58	2 475.05	2 229.96	458.87	246.70	2 927.43	3 843.35	1 278.82	1 514.27	2 494.58	2 730.89
保育土壤价值	固土	14.02	3.83	21.84	19.67	4.05	2.18	25.83	33.91	11.28	13.36	22.01	24.09
	保肥	47.93	13.11	74.65	67.26	13.84	7.44	88.29	115.92	38.57	45.67	75.24	82.37
生物多样性保护价值		344.66	94.26	536.83	483.67	99.53	53.51	634.95	833.61	277.37	328.44	541.06	592.32
合计		4 593.70	1 256.30	7 155.00	6 446.46	1 326.52	713.18	8 462.76	11 110.55	3 696.87	4 377.52	7 211.45	7 894.60

对采用当量因子法和功能价值法计算出的森林资源生态价值进行算术平均,可得各村森林资源生态价值(表7-23)。总价值为72 501.83万元,单价为6.02万元/hm^2,见表7-23。

表7-23　12个典型村的森林资源生态价值　　　　　　　　　　　　单位:万元

村域	澄水洞村	白水村	玄素洞村	水浒城村	南门湖村	陆码头村	洪下村	畈上村	内冲村	左港村	隐水村	石门村
森林资源生态价值	5 497.44	1 529.20	7 976.14	7 318.40	1 614.68	926.55	9 780.84	13 068.68	3 666.60	4 431.39	7 891.29	8 800.62

7.3　草地资源价值

7.3.1　草地资源实物量

草地资源实物量指草地面积。12个典型村的草地面积合计为211.43hm^2,类型均为其他草地。各村草地资源实物量见表7-24。

表7-24　草地资源实物量　　　　　　　　　　　　　　　　　　　单位:hm^2

村域	澄水洞村	白水村	玄素洞村	水浒城村	南门湖村	陆码头村	洪下村	畈上村	内冲村	左港村	隐水村	石门村
草地资源实物量	0.50	1.65	0.00	0.19	5.11	0.82	2.61	162.25	1.05	0.85	27.70	8.70

7.3.2　草地资源价值量

1. 经济价值

收集样点草地的投入产出资料,再分别采用收益还原法和成本逼近法计算草地资源经济价值。草地的纯收益和成本计算方法与耕地类似,还原利率与耕地相同。12个典型村的草地资源经济价值量见表7-25。草地资源经济价值合计为83.65万元,单位面积草地的经济价值为0.40万元/hm^2。

表 7-25　12 个典型村草地资源经济价值　　　　　　　　　　　　　　　单位：万元

各类价值	澄水洞村	白水村	玄素洞村	水浒城村	南门湖村	陆码头村	洪下村	畈上村	内冲村	左港村	隐水村	石门村
收益还原法价值	0.17	0.36	0.00	0.04	1.89	0.16	0.00	34.95	1.04	0.93	6.23	1.88
成本逼近法价值	0.30	1.10	0.00	0.11	3.29	0.44	0.00	97.25	0.85	0.62	11.84	3.80
经济价值	0.24	0.73	0.00	0.08	2.59	0.30	0.00	66.10	0.95	0.78	9.04	2.84

2. 生态价值

考虑到数据的可获得性和可使用性，遵循科学性、有效性和适用性的原则，结合咸宁市的区域特点，选取涵养水源、固碳、释氧、吸收 NO_x、吸收 SO_2、滞尘、降温和降噪 8 项指标来衡量 12 个典型村的草地生态价值。根据生态经济学价值评估的原则和方法，对 8 项指标的价值进行测算。结合前文当量因子法价值，得出 12 个典型村草地资源生态价值为 1 664.24 万元（表 7-26），单价为 7.87 万元/hm^2。

表 7-26　12 个典型村不同生态指标下的草地生态价值　　　　　　　　　单位：万元

生态指标	各村草地生态价值											
	澄水洞村	白水村	玄素洞村	水浒城村	南门湖村	陆码头村	洪下村	畈上村	内冲村	左港村	隐水村	石门村
涵养水源	0.21	0.70	0.00	0.08	2.17	0.35	1.11	68.81	0.45	0.36	11.75	3.69
固碳	0.35	1.16	0.00	0.14	3.59	0.57	1.83	114.13	0.74	0.60	19.49	6.12
释氧	0.51	1.69	0.00	0.20	5.25	0.84	2.68	166.62	1.08	0.88	28.45	8.94
吸收 NO_x	0.01	0.04	0.00	0.00	0.12	0.02	0.06	3.88	0.03	0.02	0.66	0.21
吸收 SO_2	5.28	17.54	0.00	2.07	54.35	8.68	27.73	1 726.03	11.19	9.07	294.71	92.57
滞尘	0.09	0.28	0.00	0.03	0.88	0.14	0.45	27.89	0.18	0.15	4.76	1.50
降温	0.19	0.63	0.00	0.07	1.95	0.31	1.00	62.06	0.40	0.33	10.60	3.33
降噪	0.14	0.47	0.00	0.06	1.47	0.23	0.75	46.73	0.30	0.25	7.98	2.51
合计	6.78	22.51	0.00	2.65	69.78	11.14	35.61	2 216.15	14.37	11.66	378.40	118.87

7.4 矿产资源价值

7.4.1 矿产资源实物量

矿产资源实物量评估以矿产资源储量登记等数据库、咸宁矿产资源储量通报和储量统计表等资料为基础,参考相关规程标准,通过分类提取、分析汇总信息,并结合地质部门对矿化点资源的勘探情况,依据类似矿产资源的储量特点进行估算。石门村的铜矿、南门湖村的锰矿和玄素洞村的海泡石黏土矿的实物量分别为0.273万t、0.186万t、0.285万t。

7.4.2 矿产资源价值量

1. 采矿权评估

从12个典型村矿产资源分布情况来看,由于在公开市场上无法找到足够且详细的交易案例作为样本,所以交易案例比较调整法无法采用。本次评估采用收入权益法,它仅适用于不适用折现现金流量法的下列采矿权:矿产资源储量规模和矿山生产规模均为小型的采矿权;评估计算的服务年限小于10年且生产规模为小型的采矿权;评估计算的服务年限小于5年且生产规模为大中型的采矿权。

1)石门村采矿权价值量评估

石门村的矿产资源主要是铜矿。《湖北省自然资源厅关于公布湖北省金、铜、钨等34个矿种矿业权出让收益市场基准价的通知》规定,铜矿品位Cu<2.0%时,采矿权基准价为546.85元/t。依据湖北省及咸宁市典型矿产情况,对石门村铜矿采矿权进行以下修正:①设置品位调整系数为0.85;②开采难度较大,设定开采方式调整系数为1.25;③近年来铜金属市场行情较好,2023年铜金属销售价格在68 000元/t左右,故设定市场需求调整系数为1.13。依据收入权益法计算得出石门村采矿权价值量为179.24万元(表7-27)。

2)南门湖村采矿权价值量评估

南门湖村的矿产资源主要是锰矿。锰矿可根据矿石中主要锰矿物划分为氧化锰矿石、铁锰多金属矿石等;根据矿石结构、构造可划分为块状矿石、条带状矿石、多孔状矿石、粉状矿石等。此外,按矿石的结构、构造还可进一步划分为薄层状矿石、纹层状矿石等。

矿山的矿石为冶金用锰矿石,根据$\omega(Mn)/\omega(Fe)$值为0.82~5.98,可将矿区锰矿石工业类型划分为低铁锰矿石、高铁锰矿石、中铁锰矿石。

南门湖村的锰矿为矿化点资源,处于未开采状态,无财务资料,无法采用折现现金流量法进行采矿权价值量评估;鉴于该矿资源储量规模为小型,同时考虑到客观条件限制,采用基准价因素调整法评估。

按照《湖北省自然资源厅关于公布湖北省金、铜、钨等34个矿种矿业权出让收益市场基准价的通知》规定,依据南门湖村锰矿调查资料,对比典型矿山情况对南门湖村锰矿相关参数进行调整:①考虑到矿产自身特性,设置品位调整系数为0.85;②南门湖村锰矿开采难度较大,设定开采方式调整系数为1.34;③锰矿石是一种重要的金属矿石,应用广泛,市场需求一直都比较旺盛,价格比较稳定(2000~4000元/t),所以设定市场需求调整系数为1.16。依据收入权益法,计算得出南门湖村采矿权价值量为110.42万元(表7-27)。

3) **玄素洞村采矿权价值量评估**

玄素洞村的矿产资源主要是海泡石黏土矿。中国海泡石黏土矿床的地质系统工作是20世纪80年代初才开始的。已发现的54个矿床和矿化点分布在14个省及自治区内。黄河以北仅在河北、甘肃和内蒙古发现了不少矿化点。大部分矿床(点)集中在江苏、江西、湖南三省,这三省的海泡石黏土矿储量占全国沉积海泡石黏土矿储量的86%。其产出时代以二叠纪为主,其次为第三纪(古近纪+新近纪)。参考《关于发布湖南省矿业权出让收益市场基准价(2023年版)的通知》,海泡石黏土采矿权基准价为1 500.00元/t,以此为标准进行参数修正:①对比其他省份和玄素洞矿产情况,设置品位调整系数为0.92;②玄素洞村海泡石黏土矿开采难度较大,设定开采方式调整系数为1.41;③海泡石黏土应用广泛,市场需求比较旺盛,价值比较稳定,故设定市场需求调整系数为1.32。依据收入权益法计算得出玄素洞村采矿权价值量为732.01万元(表7-27)。

表7-27 采矿权价值

分类	矿种	实物量(万t)	品位	政府公示价值、标准矿山或典型矿山单位价值(元/t)	调节系数 品位调整系数 k_1	调节系数 开采方式调整系数 k_2	调节系数 市场需求调整系数 k_3	价值量(万元)	备注
金属矿产	铜	0.273	Cu 0.53%, Pb 0.1%	546.85	0.85	1.25	1.13	179.24	石门村
金属矿产	锰	0.186	Mn 5.98%	460.14	0.85	1.34	1.16	110.42	南门湖村
非金属矿产	海泡石黏土	0.285	SiO_2 34.11%, Al_2O_3 0.38%	1500.00	0.92	1.41	1.32	732.01	玄素洞村

2. 探矿权评估

依据相关规程,适用于勘查程度低的探矿权评估方法有基准价因素调整法、交易案例比较法、单位面积倍数法、资源价值比例法和勘查成本效用法。其中,交易案例比较法和资源价值比例法适用于估算了一定资源量的探矿权,这两种方法不适用于未估算资源量的内冲村和石门村。勘查成本效用法适用于投入少量地表或浅部地质工作的探矿权评估,两村投入的地表或浅部地质工作不足,也不适用于该方法。单位面积倍数法是在收集国内地质勘查相关统计资料、矿产资源储量动态信息、上市公司公开披露的地质信息报告、公开市场类似矿业权交易情况信息、有关部门和组织发布或矿业权评估师掌握的有关信息的基础上,综合分析评估对象的实际情况,分析确定单位面积探矿权价值,从而估算评估对象价值的一种方法。由于在内冲村和石门村难以收集到上述相关信息,无法计算该区域所有矿产资源所反映的综合单位面积探矿权价值,故无法采用单位面积倍数法。

综上所述,根据相关规范,本次评估以石门村的铜矿为例,采用基准价因素调整法评估其探矿权价值。

根据《湖北省自然资源厅关于公布湖北省 29 类非金属矿产矿业权出让收益市场基准价的通知》和《湖北省自然资源厅关于公布湖北省金、铜、钨等 34 个矿种矿业权出让收益市场基准价的通知》中有色金属矿的空白区探矿权市场基准价,确定本项目的矿业权市场基准价为 5 万元/km²。本次评估参考省内评估经验以及国内其他省份的实践,并结合地质要素分类价值指数评判表,将地质勘查工作程度、区域成矿地质条件、资源储量、矿产品价值、矿体赋存开发条件、矿山建设外部条件的调整系数取值范围确定为 1.00~1.50,具体取值及说明如下。

(1) 普查探矿权地质勘查工作属于轻微阶段,地质勘查工作程度调整系数取值 1.00。

(2) 总体来看,区域成矿地质条件较好,但探矿过程中仍存在一定不确定性因素,综合考虑,区域成矿地质条件系数取值 1.40。

(3) 普查探矿权为空白区,未估算资源储量,资源储量调整系数取值 1.00。

(4) 依据前文对铜市场价值分析,矿产品价值调整系数取值 1.50。

(5) 矿体赋存开发条件不明,矿体赋存开发条件调整系数取值 1.00。

(6) 勘查区交通条件一般,勘查区附近乡村较多,用水、用电较方便,但建设条件较为困难,矿山建设条件调整系数取值 1.50。

综上所述,本次评估的矿区的探矿权价值为 $P=5\times1.00\times1.40\times1.00\times1.50\times1.00\times1.50=15.75$(万元)。

7.5 水资源价值

7.5.1 水资源实物量

水资源实物量是地表水实物量与地下水实物量的总和,不过须扣除因地表水和地下水相互转换而重复计算的部分。分析12个典型村的水资源实物量时,应在研究各村所在县(市)的水资源公报、水利统计年鉴、水资源调查评价成果、水利普查成果、生态环境状况公报、生态环境统计年报等资料的基础上,结合还原计算时段内天然径流量的计算公式,分析典型村水资源实物量的影响因素,依据该村地表水和地下水实物量的计算结果,扣除两种水资源的重复量后,将地表水和地下水资源实物量相加,从而得出水资源总量(表7-28)。

表7-28　12个典型村水资源实物量　　　　　　　　　　单位:万 m³

村域	地表水资源量	地下水资源量	水资源总量
澄水洞村	110.34	226.85	303.47
白水村	46.19	95.14	127.19
玄素洞村	34.84	206.55	231.74
水浒城村	6 288.29	300.44	6 456.96
南门湖村	325.37	125.35	405.64
陆码头村	5 068.48	263.81	5 225.64
洪下村	126.22	255.83	343.85
畈上村	77.25	348.46	383.14
内冲村	21.28	103.87	112.64
左港村	799.78	174.89	877.20
隐水村	3.15	232.96	228.26
石门村	25.67	280.18	299.73

注:表中水资源总量已扣除重复计算量。

7.5.2 水资源价值量

地表水资源价值主要从以下 8 个方面核算:供水价值、物质提供价值、固碳释氧价值、调蓄洪水价值、储水价值、净化环境价值、生物多样性保护价值和休闲娱乐价值。其中,供水价值、物质提供价值、储水价值和休闲娱乐价值主要体现其经济价值;固碳释氧价值、调蓄洪水价值、净化环境价值和生物多样性保护价值则主要体现其生态价值。

地下水资源价值主要从以下 5 个方面核算:水资源供给价值、净化环境价值、固碳价值、涵养水源价值和预防地面沉降价值。其中,水资源供给价值体现其经济价值,而净化环境价值、固碳价值、涵养水源价值和预防地面沉降价值则体现其生态价值。

1. 地表水资源

1）供水价值

供水价值,是指村落内能够提供水源的功能价值,包括生活用水、工业用水、农业用水和生态用水的价值。已知 2023 年咸宁市生活用水(2.45 元/m³)、工业用水(3.25 元/m³)、农业用水(2.28 元/m³)和生态用水(4.40 元/m³)的单价,通过分析 12 个典型村各类用水量,可计算其地表水资源供给价值,见表 7-29。

表 7-29　12 个典型村各类用水量及地表水资源供水价值

村域	生活用水量（万 m³）	工业用水量（万 m³）	农业用水量（万 m³）	生态用水量（万 m³）	水资源供给价值（万元）
澄水洞村	101.64	0.59	319.45	0.000 9	979.28
白水村	90.46	0.00	238.59	0.000 7	765.62
玄素洞村	81.46	8.60	37.67	0.000 3	313.42
水浒城村	117.22	0.00	65.01	0.000 4	435.41
南门湖村	204.73	1.33	193.38	0.000 8	946.82
陆码头村	215.96	1.42	353.47	0.001 2	1 339.63
洪下村	104.45	0.78	24.64	0.000 3	314.62
畈上村	112.82	0.28	99.61	0.000 4	504.43
内冲村	66.07	0.00	5.75	0.000 1	174.98
左港村	188.66	0.00	224.11	0.000 8	973.19
隐水村	93.70	0.00	113.73	0.000 4	488.87
石门村	59.19	0.00	376.78	0.000 9	1 004.08

2）物质提供价值

从利用方式来看,水资源既可以用于水产养殖,也可以作为生产要素投入到工业或农业生产中,进而直接或间接地为人们提供水产品、农产品和工业产品。由此产生的价值,即为水资源的物质提供价值。在 12 个典型村的水资源物质提供价值核算过程中,考虑到具有草地资源的村落的特殊性,计算时以草地资源提供物质价值(以牛羊出栏价值量的 1/3 核算)为基础,再结合依据各种统计数据得到的各类土地利用面积及相应的市场价值,从而计算出水资源的物质提供总价值。澄水洞村地表水资源物质提供价值见表 7-30,其他 11 个村的地表水资源物质提供价值测算方法与澄水洞村相同,此处不一一列举。

表 7-30 澄水洞村地表水资源物质提供价值

土地利用分类		面积(hm^2)	物质提供	单位面积产值(元/hm^2)	总价值(万元)
一级类	二级类				
耕地	水田	335.38	粮食	271.80	9.12
	水浇地				
	旱地				
园地	果园	114.29	果子	9 016.24	103.05
	其他园地	114.30	蔬菜园艺	7 597.25	86.84
林地	乔木林地	861.65	森林林木	67.71	5.83
	竹林地				
	灌木林地				
	其他林地				
草地	其他草地	0.50	畜牧	11.62	0.000 6
水域及水利设施用地	水库水面	62.33	水产	4 077.64	25.42
	坑塘水面				
	内陆滩涂				

注:澄水洞村的水域及水利设施用地中河流水面、湖泊水面面积为 0,故表中未列出;其余 11 个村应按照实际情况酌情列出。

3）储水价值

水域是一个天然的容器,有存储水源、补充和调节径流及地下水水量的作用。单位蓄水成本为 0.67 元/m^3,根据 12 个典型村的蓄水量,可计算其地表水域的储水价值,见表 7-31。

4) 休闲娱乐价值

水资源的休闲娱乐价值可利用旅行费用法进行计算。12个典型村地表水资源的休闲娱乐价值见表7-31。

表7-31 12个典型村地表水资源的储水价值和休闲娱乐价值

村域	储水价值		休闲娱乐价值（万元）
	蓄水量（万 m^3）	价值量（万元）	
澄水洞村	303.47	203.32	311.67
白水村	127.19	85.22	209.14
玄素洞村	231.74	155.27	51.76
水浒城村	6456.96	4326.16	3965.53
南门湖村	405.64	271.78	950.84
陆码头村	5225.64	3501.18	5792.74
洪下村	343.85	230.38	649.02
畈上村	383.14	256.7	226.02
内冲村	112.64	75.47	28.93
左港村	877.2	587.72	547.7
隐水村	228.26	152.94	10.51
石门村	299.73	200.82	71.87

5) 固碳释氧价值

先根据中型浮游植物日初级产量和无霜期天数、水域面积，计算出浮游植物每天生产有机物质的量，再由此换算出固碳量和释氧量，最后根据碳价格和氧价格计算固碳价值和释氧价值。两者加总，即为固碳释氧价值。中型浮游植物日初级产量范围为1.0~3.0g/(m^2·d)，取其平均值2.0g/(m^2·d)，浮游植物每生产1g有机物质，能固定3.67gCO_2，释放2.67gO_2，无霜期取值225d。浮游植物和水生植物土壤固碳量取植被固碳量的50%，碳交易价格取值53.4元/t；氧价格采用工业制氧价格，即262.50元/t。水域面积=（湖泊水面面积+河流水面面积+水库水面面积）×1/3+坑塘面积+沟渠面积+内陆滩涂面积。12个典型村地表水资源的固碳释氧价值见表7-32。

6) 调蓄洪水价值

调蓄洪水价值，是指村落内水库、湖泊、河流等水域通过蓄积洪水、调节洪峰所形成的价值。其中，水库调蓄洪水量以防洪库容为准；湖泊、河流以设防水位和保证水位之差作为调蓄洪水深度，将该深度乘以湖泊、河流面积得到调洪量；湿地、塘堰、沟渠设定平均调蓄洪水深度为0.8m，将该深度乘以湿地、塘堰、沟渠面积得到调洪量。12个典型村地表水域的调蓄洪水价值见表7-32。

7）净化环境价值

可以利用替代工程法对12个典型村水资源的净化环境价值进行计算。排污量数据来源于2023年度各县市及乡镇的水资源公报。农村水域污染物主要是生活废水。根据咸宁市城市建设行政主管部门提供的污水处理价格数据，以及2023年度各县市的生态环境公报中列出的污染物处理成本，确定污水处理价格为0.25元/t。12个典型村地表水资源的净化环境价值见表7-32。

8）生物多样性保护价值

水资源的单位面积生物多样性保护价值（用$S_生$表示）可根据Shannon-Wiener指数计算。该指数共划分为7级：当指数＜1时，$S_生$为3000元/hm²；当1≤指数＜2时，$S_生$为5000元/hm²；当2≤S指数＜3时，$S_生$为10 000元/hm²；当3≤指数＜4时，$S_生$为20 000元/hm²；当4≤指数＜5时，$S_生$为30 000元/hm²；当5≤指数＜6时，$S_生$为40 000元/hm²；当指数≥6时，$S_生$为50 000元/hm²。典型村水资源属于第三级，在此基础上扣除机会成本2000元/hm²，$S_生$取值8000元/hm²。各村生物多样性保护价值见表7-32。

2．地下水资源

1）水资源供给价值

地下水为生活、工业、农业供水，可采用市场价值法计算水资源供给价值（水价参考地表水价格），见表7-33。

2）净化环境价值

地下水净化环境价值可通过用污水处理费用替代估算得到。村落地下水污水排放主要是生活污水，其治理成本参考地表水污水治理成本。12个典型村的地下水净化污水量及净化环境价值见表7-34。

3）固碳价值

地下水生态系统固碳价值可用替代工程法计算。测试结果表明，浅层地下水（100m以内）含有二氧化碳，中、深层地下水不含二氧化碳。浅层地下水二氧化碳的含量为0.02～6.45mg/L，算术平均值为2.64mg/L。12个典型村的地下水固碳价值见表7-34。

4）涵养水源价值

采用替代工程法，以水库蓄水成本来估算地下水系统涵养水源的服务价值，蓄水成本参考地表水的蓄水成本。12个典型村地下水资源的涵养水源价值见表7-34。

5）预防地面沉降价值

计算地下水系统预防地面沉降价值，应以地下水储存量为计算依据，沉降损失参考国内相关地区损失，取0.168 4元/m³，见表7-34。

表 7-32　12 个典型村地表水资源的生态价值

村域		澄水洞村	白水村	玄素洞村	水浒城村	南门湖村	陆码头村	洪下村	贩上村	内冲村	左港村	隐水村	石门村
	水域面积（hm²）	62.33	41.83	10.35	793.11	185.43	546.62	129.80	45.20	5.79	109.54	2.10	14.37
固碳释氧价值	固碳量（t）	1 544.16	1 036.16	256.44	19 647.22	4 593.62	13 541.12	3 215.55	1 119.80	143.35	2 713.56	52.07	356.09
	释氧量（t）	748.94	502.55	124.38	9 529.17	2 227.97	6 567.63	1 559.58	543.12	69.53	1 316.11	25.26	172.71
	价值量（万元）	27.91	18.73	4.63	355.06	83.01	244.71	58.11	20.24	2.59	49.04	0.94	6.44
调蓄洪水价值	调洪量（万 m³）	74.20	35.72	35.62	7 851.63	193.02	3 119.95	121.24	63.37	23.76	988.30	1.68	18.32
	价值量（万元）	1 112.95	535.79	534.34	117 774.45	2 895.33	46 799.31	1 818.56	950.60	356.42	14 824.51	25.22	274.87
净化环境价值	排污量（万 t）	11 726.40	10 436.50	9 397.87	13 524.45	23 620.32	24 915.81	12 050.27	13 016.30	7 622.16	21 766.43	10 810.62	6 829.23
	价值量（万元）	2 931.60	2 609.13	2 349.47	3 381.11	5 905.08	6 228.95	3 012.57	3 254.08	1 905.54	5 441.61	2 702.66	1 707.31
生物多样性保护价值（万元）		49.87	33.46	8.28	634.48	152.14	926.84	103.84	36.16	4.63	87.63	1.68	11.50

表 7-33 12 个典型村地下水资源的供给价值

村域	澄水洞村	白水村	玄素洞村	水浒城村	南门湖村	陆码头村	洪下村	畈上村	内冲村	左港村	隐水村	石门村
生活用水量（万 t）	31.76	13.32	28.92	42.06	17.55	36.93	35.82	48.78	14.54	24.48	31.07	39.23
工业用水量（万 t）	9.07	3.81	8.26	12.02	5.01	10.55	10.23	13.94	4.15	7.00	8.88	11.21
农业用水量（万 t）	4.54	1.90	4.13	6.01	2.51	5.28	5.12	6.97	2.08	3.50	4.44	5.60
水资源供给值（万元）	117.64	49.34	107.12	155.81	65.01	136.81	132.67	180.71	53.87	90.70	115.11	145.30

表 7-34 12 个典型村地下水资源的生态价值

村域		澄水洞村	白水村	玄素洞村	水浒城村	南门湖村	陆码头村	洪下村	畈上村	内冲村	左港村	隐水村	石门村
净化环境价值	净化污水量（万 t）	1 465.80	1 304.56	1 174.73	1 690.56	2 952.54	3 114.48	1 506.28	1 627.04	952.77	2 720.80	1 351.33	853.65
	价值量（万元）	366.45	326.14	293.68	422.64	738.14	778.62	376.57	406.76	238.19	680.20	337.83	213.41
固碳价值（万元）		3 198.04	1 341.25	2 911.86	4 235.48	1 767.13	3 719.09	3 606.59	4 912.45	1 464.32	2 465.53	3 129.10	3 949.87
涵养水源价值（万元）		151.99	63.74	138.39	201.29	83.98	176.75	171.41	233.47	69.59	117.18	148.71	187.72
预防地面沉降价值（万元）		270.55	113.46	246.34	358.32	149.49	314.63	305.11	415.59	123.88	208.58	264.71	334.15

7.6 自然资源社会价值

自然资源的社会价值主要由游憩价值和就业价值构成,但二者在价值属性和评估方法上存在显著差异:①游憩价值与自然资源具有直接关联性,其评估方法相对成熟且易于量化,而就业价值涉及产业链的间接效应,评估体系更为复杂;②现有评估模型更适用于游憩价值等生态服务价值的显化评估;③在数据可获得性方面,游憩相关数据较为系统完整,而就业数据存在分散性和滞后性问题。基于上述差异,本节仅进行游憩价值评估,就业价值评估将作为后续专项研究内容。

评估各类自然资源的游憩价值时,可采用条件价值法和旅行费用法。

(1) 采用条件价值法评估。对 100 份调查问卷中游客对 12 个典型村旅游的支付意愿进行频度分析,发现每个村的支付意愿差异较大。通过开放式提问法,得到 12 个典型村支付意愿各标值的条件概率,由此求得样本支付意愿范围为 21.36~138.54 元/人,均值为 115.23 元/人,见表 7-35。

(2) 采用旅行费用法评估。依据各县市旅游实际调查情况,各县市旅行费用范围为 20~100 元/人,各村旅行人数按多年均值计算(与条件价值法相同),初步估算各村自然资源游憩价值,见表 7-35。

综合以上两种方法,采用简单算术平均得出 12 个典型村自然资源社会价值,见表 7-35。

表 7-35 12 个典型村自然资源游憩价值

村域	年游客数量（万人）	游憩价值（基于条件价值法,万元）	游憩价值（基于旅行费用法,万元）	游憩价值（算术平均后,万元）
澄水洞村	15.56	1 792.98	1 244.80	1 518.89
白水村	20.23	2 331.10	1 618.40	1 974.75
玄素洞村	6.64	765.13	265.60	515.37
水浒城村	2.21	254.66	66.30	160.48
南门湖村	4.66	536.97	186.40	361.69
陆码头村	5.23	602.65	209.20	405.93
洪下村	4.56	525.45	205.20	365.33
畈上村	20.36	2 346.08	1 527.00	1 936.54
内冲村	10.18	1 173.04	814.40	993.72
左港村	1.56	179.76	39.00	109.38
隐水村	40.68	4 687.56	4 068.00	4 377.78
石门村	4.59	528.91	275.40	402.16

8 评估结果检核

8.1 基本要求

评估实施主体应依据设定的程序，在各环节完成后，对阶段性结果进行全面自检，并将结果确认、修改、完善等行为予以记录；对检核中发现的现行条件下难以解决的异常情况，以及其对结果可能产生的影响，应进行具体说明；编制评估结果自检报告。

各级成果汇总主体应对其负责汇总的评估成果进行质量检核与协调性分析验证，编制成果检核与分析报告。

8.2 准确性检查

8.2.1 对基础资料的检核

自然资源评估中直接使用或参照的，涉及自然资源实物量、价值量等的基础资料应符合下列要求。

（1）权威性。成果数据应为有相应职能的部门对外正式公布的版本或经过第三方技术审查。

（2）全面性。基础资料应覆盖全部评估单元，或经合理的技术处理后能够覆盖全部评估单元。

（3）规范性。基础资料应符合相关标准规范的要求。

（4）现势性。基础资料应具有良好的现势性，数据时点与评估时点一致或者接近，或者具备可修正至评估时点的必备条件。

（5）多源数据匹配性。各类多源数据之间，其坐标系统、比例尺等方面应具有较好的空间匹配性和属性信息匹配性。

8.2.2 对评估过程的检核

主要对自然资源实物量和价值量内涵的界定、评估方法的选择与运用、关键参数的测定,以及数据、图件处理过程等评估过程的科学性与规范性进行全面检查,具体包括但不限于以下内容。

(1) 实物量和价值量内涵的界定。依据评估的工作目标与要求,检查对评估的实物量和价值量内涵的界定是否清晰、准确,并符合相关法律规定。

(2) 评估方法的选择。选择的评估方法应能够达到预期的成果精度,并能够与基础资料完备情况相匹配,在评估工作中具有较好的可操作性。

(3) 关键参数的测定。参数的取值和测算应符合相关技术规程,用于测算参数的数据应客观合理,测算过程应完整、规范。

(4) 数据、图件处理过程的准确性。借助软件工具,通过人机交互等方法,检查多源数据和图件资料的匹配性,以及关联信息的提取过程是否准确无误;检查计算公式和计算过程等是否正确。

8.2.3 对评估结果的检核

对自然资源资产评估结果的完整性、逻辑一致性和准确性进行检查,包括但不限于以下内容。

(1) 完整性。评估结果在内容、分类和表达方式等方面应完整准确,符合工作要求。

(2) 逻辑一致性。作为结果构成部分的报告、表格、数据库、图件等相关内容应衔接或一致;评估结果的汇总数据与分项数据间逻辑关系正确。

(3) 准确性。通过内业核查和必要的外业抽查,检核基本评估单元的实物量、价值量等结果数据是否准确。

8.3 协调性分析

通过分析自然资源资产价值量评估结果与社会经济指标、自然资源禀赋状况等相关因素的匹配程度,初步分析结果的合理性、协调性。当存在明显异常的情况时,应进一步分析原因,根据需要进行调整和完善。

对于分析对象,协调性分析的对象通常为自然资源价值量指标,包括总价值量、分区分类价值量、价值变化量(率)等核心指标,以及人均价值量、地均价值量等派生指标。

就分析流程而言,主要包括:一是要明确村域自然资源对象;二是对村域自然资源进行必要的分层、分组等预处理;三是筛选与自然资源价值量密切相关的因素;四是选择适宜的方法或模型,依据相关因素指标,分析评估结果的协调性。

自然资源评估应与评估对象所在区域的社会经济特征、资源禀赋状况协调,选择适宜的分析方法或分析模型分析自然资源评估成果精度。

8.3.1 总体协调性

序列化分析法。将评估实施单元(通常为县区级及以上行政单元)的自然资源量与其主要影响因素指标(如GDP总量、农业生产总值、工业生产总值、社会消费品零售总额、人口状况、全社会固定资产投资、人均可支配收入等)分别排序;或建立适宜的评判规则,对各评估实施单元进行综合评分、排序;通过分析各评估实施单元的自然资源实物量和价值量的结果位次与影响因素指标(分值)位次的差异,判断评估结果的总体协调性。

回归模型分析法。建立评估实施单元自然资源资产量评估值与主要影响因素指标之间的回归模型,比较模型估算的自然资源价值与评估值的差异,辅助判断评估结果的总体协调性。

8.3.2 结果精度检验

评估结果精度检验一般采用样点价值检验。自然资源价值样点数据处理中的可变参数选择,可能造成自然资源价值水平的系统误差。当使用不同方法处理所得的样点自然资源资料进行自然资源价值评估时,需进行检验。由于此次自然资源价值评估中收集样点总数较少,因此本次检验按自然资源价值类型划分样点进行。

在同一个区域中,对于不同方法处理的样点自然资源价值结果,应进行样本总体一致性检验。统计发现土地资源、水资源、森林资源样点自然资源价值有四种交易类型,草地资源、矿产资源样点自然资源价值有两种交易类型。因此,按数理统计检验的要求,土地资源、水资源、森林资源样点自然资源价值总体一致性检验采用多样本比较的秩和检验(Kruskal-Wallis法,即H值检验),草地资源、矿产资源样点自然资源价值总体一致性检验采用两样本比较的秩和检验(Wilcoxon法)。

1. 样点自然资源价值的多样本比较的秩和检验

(1) 样点自然资源分类。将所有样点自然资源价值按用途和交易方式分类。

(2) 计算秩数。将同一级别内同一用途的自然资源价值,从小到大顺序编号作为秩数。如果同一自然资源价值有多个样点,则以其秩数和的平均值作为相同自然资源价值样点的秩数。

(3) 计算秩和。分别计算不同交易类型样点自然资源价值的秩和 R_i。

(4) 计算统计量 H。

$$H = \frac{M}{N(N+1)} \sum \frac{R_i^2}{n_i} - 3(N+1) \tag{8-1}$$

式中,M 为选取的因子数量;R_i 为第 i 个样本的秩和;n_i 为第 i 个样本的数量;$N = \sum n_i$。

若在编秩时未遇到相同的数值,无须计算平均秩次,此时可将此 H 值与相应的判断临界值进行比较,从而作出判断;若遇到相同数值,则需要计算校正后的统计量值,之后再与相应的判断临界值比较以作出判断。

$$H_C = \left[\frac{M}{N(N+1)} \sum \frac{R_i^2}{n_i} - 3(N+1) \right] \bigg/ \left[1 - \frac{\sum (t_j^3 - t_j)}{N^3 - N} \right] \tag{8-2}$$

式中,H_C 为修正后的统计量;M 为选取的因子数量;t_j 为各个需计算平均秩次处的相同数值的个数。

(5) 作出判断。根据 H 值查正态分布表可知 P_H,若 $P_H > \alpha$(α 为给定的显著性水平),则不同交易类型自然资源价值样点无显著差异,通过样本总体一致性检验。否则不通过样本总体一致性检验,需检查不同自然资源价值计算方法可能产生的系统误差,重新进行检验,直到符合要求。

2. 样点的自然资源价值两样本比较的秩和检验

(1) 样点自然资源价值分类。将所有样点自然资源价值按用途和交易方式分类。

(2) 计算秩数。将同一用途的自然资源价值,按照从小到大的顺序进行编号,所得编号作为秩数。如果同一自然资源价值有多个样点时,则以其秩数和的平均值作为相同自然资源价值样点的秩数。

(3) 计算秩和。分别计算不同交易类型样点自然资源价值的秩和 R_i。

(4) 计算统计量 u。

$$u = \frac{\frac{n_1(n_1+n_2+1)}{2} - R}{\sqrt{n_1 n_2 (n_2+n_2+1)/M}} \tag{8-3}$$

式中,M 为选取的因子数量;n_1 作为较小样本例数;n_2 则为较大样本的例数;R 为较小样本的秩和。

(5) 作出判断。根据统计量 u 值查正态分布表可知 P_u,若 $P_u > \alpha$(α 为给定的显著性水平),则不同交易类型自然资源价值样点无显著差异,通过样本总体一致性检验。否则不通过样本总体一致性检验,需检查不同自然资源价值计算方法可能产生的系统误差,重新进行检验,直到符合要求。

通过 SPSS 软件进行分析,土地资源、水资源、森林资源各级别不同交易类型测算的自然资源价值,显著性水平(Sig.)均小于 0.05,结果表明其样点自然资源价值无显著差别,来自同一个样本总体。

3. 总体分布类型检验

对样本的总体分布类型进行检验,常用方法有 x^2 检验法、单样本 K-S 检验法和 Q-Q 概率图法。x^2 检验不仅适用于连续分布函数,而且适合于总体是离散型的分布函数,但 x^2 检验法要求样本数不少于 50 个;Q-Q 概率图法简易、直观,但结论比较粗略;单样本 K-S 检验法适合于连续性数据的分析,其检验功能比较强。

本次自然资源评估样点价值总体分布类型检验采用单样本 K-S 检验法,运用 SPSS 软件实现。检验步骤如下:①假设自然资源样点价值呈正态分布,并分别获得相应的理论累计概率分布函数 $F_0(x)$。②利用自然资源样点价值分别计算其累计概率,得到检验累计概率分布函数 $S_0(x)$。③计算 $F_0(x)$ 和 $S_0(x)$ 在相应变量值点 x 上的差 $D(x)$,得到差值序列。④计算 Z 统计量和相应的相伴概率。⑤结果判断。若相伴概率小于或等于指定的显著性水平,则应拒绝原假设,认为样本总体的分布类型与正态分布有显著差异;若相伴概率大于显著性水平,则不能拒绝原假设,认为样本总体的分布类型与正态分布无显著性差异。

依据检验结果,自然资源样点价值显著性水平均小于 0.05,可以认为自然资源样点价值呈正态分布。

4. 数据精度检验

数据精度检验是从总体中剔除异常值,确定保留数据。上述检验发现自然资源样点价值分布类型均为正态分布,因此,用 t 检验法进行样点自然资源价值的精度检验,检验步骤如下。

(1) 将同一自然资源级别内相同用途的各样点,按自然资源价值由小到大的顺序排列,得到数列 X_n,且 $X_1 \leqslant X_2 \cdots \cdots \leqslant X_n$。

(2) 对 X_1、X_n 进行异常数据检验。计算统计量 t_1,公式如下:

$$t_1 = \frac{\overline{X}_{2\sim n} - X_1}{S_{2\sim n}} \times \sqrt{\frac{n}{n-1}} \tag{8-4}$$

$$\overline{X}_{2\sim n} = \frac{1}{n-1}\sum_{k=2}^{n} X_k \tag{8-5}$$

$$S_{2\sim n} = \sqrt{\frac{1}{n-2}\sum_{k=2}^{n}(X_k - \overline{X}_{2\sim n})^2} \tag{8-6}$$

对于给定的显著性水平 $\alpha=0.05$ 和自由度 $V=n-2$,若 $t_1 > t_{(\alpha, V)}$,则判定 X_1 为异常值;若 $t_1 \leqslant t_{(\alpha, V)}$,则 X_1 不为异常值,保留。

(3) 检验 X_n,计算统计量 t_n。

当 X_1 未被判定为异常值时,

$$t_n = \frac{X_n - \overline{X}_{1\sim(n-1)}}{S_{1\sim(n-1)}} \times \sqrt{\frac{n}{n-1}} \qquad (8\text{-}7)$$

$$\overline{X}_{1\sim(n-1)} = \frac{1}{n-1}\sum_{k=1}^{n} X_k \qquad (8\text{-}8)$$

$$S_{1\sim(n-1)} = \sqrt{\frac{1}{n-2}\sum_{k=1}^{n}(X_k - \overline{X}_{1\sim(n-1)})^2} \qquad (8\text{-}9)$$

若 $t_n > t_{(a,V)}$,则判定 X_n 为异常值;若 $t_n \leqslant t_{(a,V)}$,则 X_n 不是异常值。

当 X_1 被判定为异常值时,

$$t_n = \frac{X_n - \overline{X}_{2\sim(n-1)}}{S_{2\sim(n-1)}} \times \sqrt{\frac{n-1}{n-2}} \qquad (8\text{-}10)$$

$$\overline{X}_{2\sim(n-1)} = \frac{1}{n-2}\sum_{k=2}^{n-1} X_k \qquad (8\text{-}11)$$

$$S_{2\sim(n-1)} = \sqrt{\frac{1}{n-3}\sum_{k=2}^{n-1}(X_k - \overline{X}_{2\sim(n-1)})^2} \qquad (8\text{-}12)$$

若 $t_n > t_{(a,V)}$,则判定 X_n 为异常值;若 $t_n \leqslant t_{(a,V)}$,则判定 X_n 不为异常值。

如果 X_1、X_n 均已被检验判定为异常数据,则还须对数列内侧数 X_2、X_{n-1} 分别作检验,直至两侧数据不被判定为异常值为止,检验方法同上。

8.4 检验结果

对 12 个典型村的农用地样点进行检验并剔除异常值后,保留 221 个有效样点。其中,耕地资源样点 108 个,园地资源样点 30 个,森林资源样点 72 个,草地资源样点 11 个。

12 个典型村建设用地样点经检验剔除异常值后,保留样点 126 个。其中,商服用地、公共管理与公共服务用地和住宅用地样点各 36 个,工矿仓储用地样点 18 个。

12 个典型村水资源样点经检验剔除异常值后,保留样点 74 个。

12 个典型村矿产资源样点经检验剔除异常值后,保留样点 5 个。

9 总结及建议

9.1 经验总结

本次对12个典型村自然资源价值进行的评估,充分结合了各村实际情况,在积极参考相关规程并借鉴国内外研究成果的基础上,制定了科学合理的技术路线和评估原则,编制了完善的工作报告和技术报告,其成果具备科学性、可靠性、先进性、现势性和前瞻性等特点。

一是创新思路,技术科学。通过多方研究分析论证,明确自然资源价值评估工作采取"依据规程,借鉴经验,符合实际,创新思路"的模式,由此制定出科学合理的评估技术路线。评估过程中,在充分结合农村实际自然资源情况的基础上,准确界定了农村自然资源价值内涵,科学选取了价值评估方法并合理量化测算参数。

二是方法合理,体现特色。依据农村自然资源实际情况,外业调查覆盖全域,资料来源翔实可靠,样点类型多样(含租赁、流转、承包等),评估成果分析角度全面。本次自然资源价值评估,不仅可为制定自然资源价值评估标准提供依据,还可为自然资源流转入市提供价值参考,更可为政府有关部门全面掌握自然资源利用状况,科学管理和合理利用自然资源提供借鉴。

9.2 应用前景

一是为自然资源核算、资产负债表编制提供依据,利用自然资源估价成果,通过宗地评估工作,可以评估出自然资源实物量和价值量,建立自然资源资产台账。

二是为乡镇显化自然资源资产提供依据,乡镇村的经济活动中涉及自然资源资产的显化和处置,作为资产,其价值的确定十分重要,本次工作为自然资源部门更好地管理自然资源打下了基础。

三是为自然资源"三权分置"的实施提供参考依据,有助于农村自然资源"三权分置"的实施,也为推进农村现代化建设打下了基础。

四是将自然资源资产化,建立可操作的投融资模式,振兴乡村发展建设。对于生态资源、文化资源等比较丰富的乡村,进一步融入社会资本,通过自然资源资产化,形成可操作的投融资模式,以合作共建美丽乡村,发展度假、康养、旅游、教育等产业,提升农村建设水平,为乡村振兴战略落地实施奠定坚实的基础。

本次自然资源价值评估成果可应用于调控自然资源价格,为自然资源使用权有偿使用、收益分配管理以及价值评估工作提供依据,并为实行基准价评估公示制度奠定基础,从而对自然资源利用和流转进行合理引导。自然资源价值受到诸多因素影响,这些因素随时间变化较为频繁,同时市场变化等多方面因素也导致自然资源价值变化较为频繁。在一般情况下,自然资源价值需要根据自然资源市场状况每两年调整一次。

主要参考文献

陈干琴,庄会波,季妤,2020.水文站径流系列一致性处理技术探讨[J].山东水利(1):1-2,5.

邓雯婧,2020.国有农用地基准地价评估研究:以广东省云浮市云城区为例[J].国土资源科技管理,37(2):116-124.

丁振民,2017.CVM评价森林景区游憩价值的结构效度研究:以福州国家森林公园为例[D].福州:福建农林大学.

郭淑凝,2023.山西省地下水污染现状与防治对策研究[J].能源与节能(2):96-98.

黄宏胜,邵新霞,钟海燕,2020.江西省婺源县耕地占补平衡实施效果评价及其改进对策[J].浙江农业科学,61(1):162-165.

贾建伟,王立海,王栋,2022.长江流域主要支流地下水资源特征分析[J].人民长江,53(3):103-107.

孔桂芹,2021.枣庄市不同岩性地下水参数判识研究[J].现代农业科技(11):154-156.

寇卫利,刘志刚,梁昌献,等,2018.基于地块尺度的农用地精准估价GIS模型研究[J].农机化研究,40(1):29-33.

黎慧斌,黄昭,董道宽,等,2023.自然资源资产清查管理与分析系统设计与实践[J].地理空间信息,21(1):58-63.

李佳,张荣,毛豪林,等,2019.河南省南水北调工程供水效益分析[J].河南水利与南水北调,48(12):78-80.

李娜,2020.河北省自然保护地体系建设情况、存在问题及解决对策探讨[J].南方农业,14(9):169,171.

李汝资,白眹,周云南,等,2023.黄河流域水资源利用与经济增长脱钩及影响因素分解[J].地理科学,43(1):110-118.

李文鹏,2023.对地表水资源与地下水资源重复量的认识与水资源开发利用理念探讨[J].水文地质工程地质,50(1):1-2.

李晓杰,李纯斌,张帆,2019.公共管理与公共服务用地基准地价评估探析[J].中国集体经济(34):61-62.

刘柏君,崔长勇,王林威,等,2020.新形势下湟水河谷水资源开发利用情势研究[J].地下水,42(5):174-178,225.

刘彪,2020.矿业权出让收益制度改革对煤炭开发项目经济评价影响研究[J].能源技术与管理,45(2):183-185,195.

刘璐璐,邵全琴,曹巍,等,2018.基于生态服务价值的三江源生态工程成本效益分析[J].草地学报,26(1):30-39.

陆翔,郑雅兰,李凤武,2021.遥感影像植被信息提取及自动区划判读方法研究[J].中南林业调查规划,40(1):39-44.

罗艳,张洪吉,罗晓波,等,2021.四川省耕地资源资产价值估算研究[J].中国国土资源经济,34(3):51-57.

麻学锋,胡双林,2023.自然资源驱动型旅游城镇化与居民幸福协调发展及演化:以张家界为例[J].自然资源学报,38(2):442-459.

庞园,曾慧,张明珠,2018.基于GIS的广州市中心城区地下水资源评价[J].人民珠江,39(8):14-19.

齐鲁,李源,李淑杰,2022.集体建设用地定级与基准地价评估研究:以珲春市为例[J].东北师大学报(自然科学版),54(3):123-130.

尚清雯,刘维忠,尚清艺,2023.草地自然资源服务功能价值的异质化分析:以新疆为例[J].江西农业学报,35(1):124-129.

邵忠瑞,2021.基于均衡法和解析法的郏县四里营水源地水资源计算分析[J].地下水,43(3):54-55,102.

谭勇,肖毅峰,覃魏,等,2021.全民所有草原资源资产价值评估方法研究[J].安徽农业科学,49(23):115-117,129.

唐秀美,潘瑜春,刘玉,2018.北京市耕地生态价值评估与时空变化分析[J].中国农业资源与区划,39(3):132-140.

王进江,高文忠,2022.林木资产收获现值法评估中主要参数确定浅析[J].中国资产评估(3):59-66.

王伟,师庆东,许紫峻,等,2018.新疆经济林碳汇价值评估[J].西北林学院学报,33(2):283-288.

吴雅琴,古佩,2021."十四五"期间咸宁市地表水环境质量现状及污染防治对策[J].山东化工,50(21):258-260.

肖佑顺,伏镭,2021.基于第三次国土调查成果对自然资源资产化的初步探索:以森林资源资产化为例[J].国土资源导刊,18(1):61-63.

颉茂华,王乾,孟佳慧,等,2022.草原资源资产负债表的编制方法及应用[J].资源科学,44(8):1679-1695.

杨海东,李德文,2019.甘南县水资源平衡简析[J].区域治理(1):216.

叶宗磊,孟德彪,2022.全民所有自然资源资产清查工作思路的初步探讨[J].浙江国土资源(5):28-30.

尹海龙,张志伟,宋伟,等,2023.塞罕坝北曼甸林场森林生态功能等级评价[J].北京林业大学学报,45(1):89-98.

张志远,匡志华,2022.赤壁市长江流域智慧渔政信息化监管平台项目探索[J].长江信息通信,35(8):160-162.

赵松,王锟,李兆宜,等,2021.土地资源资产核算的方法体系与实践研究[J].中国国土资源经济,34(6):11-15,21.

郑义,刘志臣,汪洋,2018.贵州瓮安永和磷矿地质特征及控矿因素分析[J].西部探矿工程,30(3):119-123,128.

朱燕园,2019.洞庭湖湿地生态服务价值评估[J].福建质量管理(2):235-236.

附录1　规范性引用文件

凡注明日期的引用文件,仅所注日期的版本适用;凡不注日期的引用文件,其最新版本(包括所有的修改单)适用。

GB/T 13908　固体矿产地质勘查规范总则
GB/T 14848　地下水质量标准
GB/T 15218　地下水资源储量分类分级
GB/T 17766　固体矿产资源储量分类
GB/T 18508　城镇土地估价规程
GB/T 19231　土地基本术语
GB/T 19492　油气矿产资源储量分类
GB/T 21010　土地利用现状分类
GB/T 23598　水资源公报编制规程
GB/T 24708　湿地分类
GB/T 25283　矿产资源综合勘查评价规范
GB/T 26423　森林资源术语
GB/T 28406　农用地估价规程
GB 3838　地表水环境质量标准
GB/T 38582　森林生态系统服务功能评估规范
GB/T 38590　森林资源连续清查技术规程
GB/T 39740　自然保护地勘界立标规范
GB/T 40451　草原与牧草术语
DZ/T 0344　石油天然气地质勘查总则
LY/T 1812　林地分类
LY/T 2012　林种分类
LY/T 2899　湿地生态系统服务评估规范
NY/T 2997　草地分类
NY/T 2998　草地资源调查技术规程
SL/T 238　水资源评价导则
TD/T 1052　标定地价规程
TD/T 1055—2019　第三次全国国土调查技术规程
TD/T 1059　全民所有土地资源资产核算技术规程
TD/T 1060—2021　自然资源分等定级通则
TD/T 1061—2021　自然资源价值评估通则

附录2 调查表

1. 所在区域 _____县(市、区) _____镇(乡)
2. 自然条件

附表1 村域自然条件调查表

气候	土壤类型	最高海拔（m）	年均降水量（mm）	平均气温（℃）	坡度(°)	水质达标率(%)	
						地表水	地下水

3. 社会经济条件

附表2 村域社会经济条件调查表

人口（人）	地区生产总值（万元）	农业产值（万元）	其他产值（万元）	居民收入（元/人）	粮食产量（kg）	旅游收入（万元）

4. 土地资源

（1）耕地样点情况

附表3 耕地产出及种子价格调查表

样点编号	作物类型	播种面积（亩）	总产量（kg）	平均单产（kg/亩）	平均单价（元/kg）	总现价（元）	种子单价（元/亩）

附表 4　耕地投入调查表

化肥(元/亩)	农药(元/亩)	水电费(元/亩)	塑膜(元/亩)	机械(元/亩)	小农具购置及维修(元)	固定资产折旧(元)

附表 5　耕地用工及收益调查表

用工量(工日)	每日工资(元/日)	工资总额(元)	农用补贴(元/亩)	总收益(万元)	总投入(万元)	纯收益(万元)	每亩纯收益(元/亩)

（2）园地样点情况

附表 6　园地产出与投入调查表

样点编号	作物类型	种植面积(亩)	平均单产(kg/亩)	总产量(kg)	平均单价(元/kg)	总现价(元)	全垦整地费(元/亩)	除杂、烧杂费(元/亩)	苗木费(元/亩)	化肥费(元/亩)	农药费(元/亩)	水电费(元/亩)

附表7　园地用工及收益调查表

日常管理费(元)	用工量(工日)	每日工资(元)	工资总额(元)	其他不可预见费用(元)	总收益(万元)	总投入(万元)	纯收益(万元)	每亩纯收益(元/亩)

（3）住宅用地样点情况

附表8　住宅用地调查表

建筑结构	使用年限(a)	层数	周边设施	单元结构	内部装修	是否出租	备注

（4）商服用地样点情况

附表9　商服用地调查表

建筑结构	用途	周边设施	年收入(万元)	容积率	是否出租	备注

（5）工矿仓储用地样点情况

附表10　工矿仓储用地调查表

建筑结构	使用年限(a)	行业	周边设施	年利润(万元)	建筑密度	容积率	备注

5. 森林资源
(1) 样点林木情况

附表 11　林木调查表

地类		土地权属		
林木权属		优势树种		
平均树高(m)		类别	天然林（　）	人工林（　）
林种		平均胸(地)径(cm)		
地貌		经济林平均冠幅(m)		
平均海拔(m)		森林健康度		
坡向		集运材距离(km)		
坡位		经营管护程度		
坡度(°)		适宜经营树种		
土壤类型		土层厚度(cm)		
腐殖质层厚度(cm)		斑块面积(hm²)		
砂砾含量(%)		公顷蓄积量(m³/hm²)		
优势树种(组)		竹林年公顷收获株数(株)		
平均年龄(a)		相对标准林分立地调整系数		
龄组		公顷株数(株)		
郁闭度		成活(保存)率(%)		

(2) 样点林地情况

附表 12　林地产出调查表

林地类型	树名	种植面积(亩)	总产量(m³)	平均单产(m³/亩)	平均单价(元/m³)	总现价(万元)	除杂、烧杂费(元/亩)	全垦整地费(元/亩)	挖穴整地费(元/亩)

附表 13　林地投入与收益调查表

回填、栽植及苗木费（元/亩）	苗木抚育费（元/亩）	木材采伐转运费（元/亩）	林木管理费（元/亩）	其他不可预见费（元/亩）	平均投入（元/亩）	总收益（万元）	总投入（万元）	纯收益（万元）	每亩产值（元/亩）

6. 水资源

（1）水资源基本情况

附表 14　水资源调查表

水资源（万 t）	总用水量（万 t）	工业用水量（万 t）	农业用水量（万 t）	生活用水量（万 t）	生态用水量（万 t）

（2）水资源水质情况

附表 15　水质调查表

调查要素		调查内容		
水文要素	水源补给状况	①地表径流；②大气降水；③地下水；④人工补给；⑤综合补给		
	流出状况	①永久性；②季节性；③间歇性；④偶尔；⑤没有		
	积水状况	①永久性积水；②季节性积水；③间歇性积水；④季节性水涝		
	丰水位(m)		平水位(m)	枯水位(m)
	最大水深(m)		平均水深（m）	
	蓄水量(万 m³)			
	地表水 pH 值			

附表15(续)

调查要素		调查内容
水质	矿化度(g/L)	
	透明度(m)	
	氮含量(mg/L)	
	磷含量(mg/L)	
	营养状况	
	化学需氧量(mg/L)	
	主要污染因子	

(3) 水资源利用情况

附表16　水资源利用调查表

航运	通航里程(km)	年通航时间(d)	货运量(万t)	客运量(万人)
旅游疗养	疗养院数量(个)	宾馆数量(个)	游客量(万人)	疗养人数(万人)
调蓄	调蓄河流名称			
	调蓄能力(万 m^3)			
水力发电	装机容量(kW·h)		发电量(kW·h)	

(4) 养殖水面样点情况

附表17　养殖水面基本情况调查表

养殖水面	养殖种类	养殖面积(亩)	总产量(kg)	单产(kg/亩)	单价(元/kg)	售出总价(元)	鱼(虾)苗投放密度(kg/亩)

附表18　养殖水面投入产出调查表

饵料投放量(kg/亩)	饵料单价(元/kg)	鱼(虾)苗成本(元/kg)	其他费用(元/亩)	人工成本(元/亩)	总收益(万元)	总投入(万元)	纯收益(万元)	每亩产值(元/亩)

7. 矿产资源

附表19　矿产资源基本情况调查表

矿种	类别(探矿权/采矿权)	许可证编号	矿区	品位	探明储量(万t)	开采规模(大、中、小)	最低开采规模(大、中、小)	服务年限(a)	销售价值(万元)	销售收入(万元)	边坡损失(万元)	风险级别	其他

8. 草地资源

附表20　草地资源自然条件调查表

样地编号	样地类别	气温(℃)	年降水量(mm)	海拔(m)	坡度(°)	土壤类型	土壤质地	有效土层厚度(cm)	草地综合植被盖度(%)	草地退化度(%)